Préface

Je connais un couple d'américains qui sont riches et jouissent d'une position sociale aisée. Lorsque je les ai connu ils étaient sans enfant. Ils ont, au cours de leur voyage en Corée, trouvé une jeune orpheline coréenne et plus tard, l'ont adopté. J'ai rencontré cette jeune fille. Ses parents adoptifs l'aimaient si tendrement qu'elle ne manquait de rien. Aujourd'hui elle continue de grandir, heureuse, jouissant des tendres soins de ses parents et de leurs richesses.

La parole de Dieu dans 2 Corinthiens 5. 17 dit : « Aussi, si quelqu'un est en Christ, il est une nouvelle créature. Le monde ancien est passé, voici qu'une réalité nouvelle est là ».

Autrefois nous étions sous la domination de Satan, à présent nés à une vie nouvelle nous sommes devenus enfants de Dieu. Les trésors de Dieu sont les nôtres puisque le péché, la maladie, la malédiction et la mort sont vaincus et que nous sommes en Christ. Voilà quel est le nouveau statut des croyants !

Dans les pages qui suivent, sont regroupés plusieurs messages que j'ai prêché de tout mon cœur dans mon église. Trois de ces messages parlent des bénédictions du salut. Cinq autres touchent divers sujets : le salut, la plénitude du Saint-Esprit, la guérison divine, la bénédiction d'Abraham, et la seconde venue de Christ. Il s'agit des bienfaits qui nous sont donnés librement par Dieu en Christ Jésus.

Ma prière accompagne ce livre. Que ces messages soient utilisés par Dieu pour vous aider à prendre conscience de votre véritable statut en Christ Jésus. Que Dieu vous aide à avoir, à entendre et à jouir de tous ses bienfaits. Dieu, le père de notre Seigneur Jésus-Christ a préparé tout cela pour vous maintenant.

David Yonggi Cho

Introduction

Tout être vivant sur la terre a reçu de Dieu « l'instinct » de vie. Dans le monde des plantes, la lumière est le facteur-clé de la croissance. C'est pourquoi les plantes s'étendent tout naturellement en direction du soleil.

Dans le monde animal, les oiseaux n'ont jamais suivi de cours d'architecture, ni appris de leurs parents à construire des nids. Pourtant grâce à un instinct inné ils font des nids confortables et bien construits.

Les oiseaux migrateurs n'ont ni cartes météorologiques, ni système de radar, mais c'est le même cycle tous les ans. Ils parcourent de longues distances du nord au sud. Ils s'envolent, en effet à l'automne mais reviennent toujours au printemps. Ces petits migrateurs voyagent avec tant de précision sur un parcours non balisé, que chaque année ils arrivent dans la même ville, au sud. Ils sont guidés uniquement par l'instinct que Dieu leur a donné. Comment expliquer ces choses ? Dieu a mis cet instinct de survie dans tous les êtres vivants qu'il a créés.

Mais comment expliquer que seul l'homme préfère penser en termes de faillite plutôt que de réussite ? Il a tendance à renier son instinct inné de réussite, tandis que toutes les autres créatures mènent leurs vies avec succès.

Dieu a placé dans l'homme qu'il créa à sa propre image sa plus haute autorité, ses capacités et son instinct de survie. Quoiqu'il puisse soutenir toutes sortes d'orages ou se trouver confronté à des situations inattendues, il a en lui une détermination qui, s'il a la patience, l'aidera à trouver son meilleur potentiel. Il y a en lui d'abondantes capacités – mais il lui faut reconnaître qui est son créateur et qu'il a été créé à son image, avec la capacité de réussir. S'il a oublié son créateur, il devrait revenir à lui et recevoir la confiance, l'assurance et la foi qui appartiennent à la famille de Dieu et qui résident toujours dans tous ceux qui en font partie.

La parole de Dieu est le guide et la carte pour tous nos chemins. Jamais aucun livre n'a transformé des peuples cannibales en peuples civilisés comme l'a fait la parole de Dieu. Aucun autre livre n'existe depuis aussi longtemps. Personne ne lit un dictionnaire pour trouver la consolation, mais en lisant la Bible on trouve dans ses pages une surabondance de consolation. Cette consolation vient du Grand Consolateur lui-même. Les directives et l'aide qu'on y trouve viennent du Grand Cartographe lui-même.

La parole de Dieu est notre guide, elle nous permet de nous orienter dans nos voies.

Dans les pages suivantes de « DESTINÉ À ÊTRE BÉNI » vous trouverez des réponses à beaucoup de vos problèmes. Dieu est l'auteur de la Bible. Le Saint-Esprit est celui qui a inspiré les auteurs bibliques pour rendre infaillible le message transmis. Chaque portion de ce livre est là pour nous enseigner et ses histoires répondent aux questions que nous nous posons. Il est celui qui vivifie les Écritures. Il peut prendre les Écritures, la « parole dite » par Dieu, et l'appliquer à la vie d'une personne, en faisant d'elle la « parole de Dieu qui parle ». Le Saint-Esprit peut le faire pour vous et répondre à vos besoins. A vous qui avez le cœur brisé, qui êtes sans espoir, qui cherchez une réponse particulière ou qui avez besoin d'une direction. La solution est là mais il faut la trouver.

Ces messages vous apporteront des réponses pour une vie plus profonde et plus riche en bénédictions.

Vous pouvez vous élever au-dessus de votre niveau de vie actuel, être guéri de votre passé, ou apprendre à prier pour être toujours exaucé. Prenez donc le temps d'examiner les principes pour une vie chrétienne, que nous avons partagés dans ce premier volume qui s'intitule : « DESTINÉ À ÊTRE BÉNI ».

En lisant cet ouvrage et en méditant la Parole vous trouverez des réponses à des questions ou situations auxquels vous avez été confrontés personnellement. D'innombrables vérités y sont déposées. Laquelle manque dans votre vie ?

Le Saint-Esprit a mis sur mon cœur ces messages que je partage avec vous. Vous pouvez réellement être bénis, en vivant avec vos pleines capacités et en suivant les instructions de la parole de Dieu.

Plusieurs réponses sont dans ces pages. Je prie que vous puissiez les découvrir et que la parole fasse son œuvre en vous personnellement.

Bénédictions...pour une merveilleuse révélation personnelle.

David Yonggi Cho est le pasteur principal de l'Église centrale du Plein Évangile à Séoul, en Corée

1 Vivre par la foi

« La foi est une manière de posséder déjà ce que l'on espère, un moyen de connaître des réalités que l'on ne voit pas. C'est elle qui valut aux anciens un bon témoignage. Par la foi, nous comprenons que les mondes ont été organisés par la parole de Dieu. Il s'ensuit que le monde visible ne prend pas son origine en des apparences. Par la foi, Abel offrit à Dieu un sacrifice meilleur que celui de Caïn. Grâce à elle, il reçut le témoignage qu'il était juste, et Dieu rendit témoignage à ses dons. Grâce à elle, bien que mort, il parle encore. Par la foi, Hénoch fut enlevé afin d'échapper à la mort et on ne le retrouva pas, parce que Dieu l'avait enlevé ; avant son enlèvement, en effet, il avait reçu le témoignage qu'il avait été agréable à Dieu. Or, sans la foi, il est impossible d'être agréable à Dieu, car celui qui s'approche de Dieu doit croire qu'il existe et qu'il récompense ceux qui le cherchent »

(Hé 11.1-6).

De nos jours, les gens vivent comme dans une forêt où tout tourne autour des besoins humains. Ils se noient dans un marécage de pensées scientifiques et de raisonnements humains. Ils sont dans l'illusion lorsqu'ils pensent que le paradis se construit sur un fondement scientifique et rationaliste. En fait, ils sont fortement intoxiqués par un évangile centré sur l'homme. Néanmoins, dans le monde actuel les hommes continuent de souffrir de conflits interminables, de la haine, du manque de confiance. Ils sont confrontés à une criminalité en hausse, et la crainte de la mort les hantent. En conséquence, les gens ne connaissent pas le but et le sens de leur vie. Sans but, ils vivent dans la terreur, s'attendant à être finalement détruit avec ce monde en déclin.

Dans ces circonstances, la seule manière de vivre en sécurité plutôt que dans la crainte est de vivre par la foi en Dieu. Par la repentance de vos péchés, vous pouvez recevoir Jésus-Christ comme votre Sauveur et Seigneur. Ainsi vous recevrez la paix en Dieu et vivrez une vie abondante dont Dieu est le centre. La parole de Dieu dit : « Mon juste par la foi vivra » (Hé 10.38). « Car nous cheminons par la foi, non par la vue… » (2 Co 5.7).

Comment pouvons-nous vivre par la foi ?

1. Pour vivre par la foi, nous devons compter sur le Saint-Esprit

L'homme vit grâce à sa connaissance naturelle, acquise par ses sens physiques : les yeux, les oreilles, le nez, et ses mains. Par le même moyen, il acquiert la connaissance scientifique rationnelle et logique. Mais il existe une connaissance non naturelle, qui surpasse la raison humaine, c'est la connaissance reçue par révélation. Elle ne peut être obtenue sans l'action du Saint-Esprit de Dieu. Nous en trouvons la confirmation dans la Parole de Dieu. 1 Corinthiens 12.3 dit : « Nul ne peut dire : "Jésus est Seigneur", si ce n'est par l'Esprit Saint ».

La foi en Dieu ne peut naître en nous que par l'œuvre révélatrice du Saint-Esprit. La Bible n'est pas un recueil d'articles scientifiques, ni un condensé de pensées humaines et philosophiques. Elle est la parole de Dieu. « Mais, comme il est écrit, c'est ce que l'œil n'a pas vu, ce que l'oreille n'a pas entendu, et ce qui n'est pas monté au cœur de l'homme, tout ce que Dieu a préparé pour ceux qui l'aiment » (1 Co 2.9). Sans l'illumination du Saint-Esprit, l'esprit humain ne peut comprendre le contenu de la Bible, car elle est la révélation de Dieu. Nos contemporains se moquent de Dieu puisqu'ils ne peuvent comprendre la Bible.

La foi est le produit d'une connaissance révélée. Il s'agit là de l'œuvre du Saint-Esprit qui nous fait connaître Jésus et notre Père Céleste. Lorsque nous le connaissons, la foi naît dans nos cœurs. Pour vivre par la foi d'une manière plus profonde, ils nous faut recevoir et vivre l'expérience de la plénitude du Saint-Esprit.

Pour être au bénéfice de la plénitude du Saint-Esprit, il nous faut avant tout le connaître. Qui est-il ?

Premièrement, il vient dans nos cœurs pour nous convaincre de péché. Ensuite, il nous conduit à la repentance en nous attirant près de Dieu. Mais il y a plus encore. Il nous aide à recevoir Jésus-Christ comme Seigneur et Sauveur. Et dès l'instant où nous l'acceptons, le Saint-Esprit fait sa demeure en nous. Nous devenons son temple. Il nous donne l'assurance de notre nouvelle naissance en Christ et le témoignage « intérieur » que nous sommes enfants de Dieu.

En réponse à nos prières sincères, le Saint-Esprit accorde ses dons aux croyants. Il agit en nous, au travers de nous, par ses dons. Il est la source pour une vie chrétienne puissante.

Par une continuelle relation avec lui, il mène notre foi à maturité. Pour jouir d'une vie familiale épanouie, ils nous faut développer des liens étroits avec nos bien-aimés. De même, nos relations sociales doivent être édifiantes. De nos jours, les tragédies au sein des foyers et de la société proviennent du fait que chacun recherche son propre intérêt au détriment des autres. Cela provoque une dégradation des relations humaines qui vont du « toi et moi » au « toi et cela ».

Le Saint-Esprit est Dieu. Il désire et mérite une relation personnelle et intime avec nous. Une vie chrétienne équilibrée, saine et puissante est possible uniquement dans une communion intime avec lui. Si nous considérons le Saint-Esprit comme une « entité » théologique, le maltraitant en se référant à lui comme « cela », ou « çà », alors nous ne comprenons clairement ni son œuvre, ni son ministère. Il a une intelligence, des émotions, et une volonté, tous les attributs de la personnalité. Nous devons toujours lui faire un bon accueil en parlant de Lui. Nous devons compter sur lui bien qu'il soit toujours vivant dans nos cœurs. C'est ainsi que notre communion personnelle avec lui grandira et sera plus profonde jour après jour. Notre foi devient forte par notre communion et notre relation avec lui. C'est lui également qui nous révélera et nous fera expérimenter Jésus plus intimement et plus richement. Ainsi, nous deviendrons plus que vainqueurs en Christ dans notre vie quotidienne. « Ainsi la foi vient de la prédication et la prédication, c'est l'annonce de la parole du Christ » (Ro 10.17).

Pour vivre par la foi, nous devons compter sur le Saint-Esprit.

2. Vivre par la foi implique que nous devons reconnaître que nous avons des rêves

Quand quelqu'un dit « je crois », l'objet de sa croyance doit être clair. A moins d'avoir un objectif clair, le simple fait de crier « je crois » se cantonne à prononcer des paroles qui s'évaporent dans l'air et ne produisent rien. Ce sont des mots futiles. Lorsque nous avons le désir de créer une chose quelconque, c'est que cette chose n'existe pas. Nous voulons l'avoir en notre possession. Ainsi, bien que l'objet de notre foi ne soit pas présent, néanmoins, il existe dans nos rêves futurs. La foi et le rêve sont inséparables. A l'exemple d'Abraham, père de la foi, il n'est pas dit qu'il a cru vaguement. Bien au contraire, il a reçu au préalable une parole de Dieu. C'est alors qu'il a cru. Dieu appela Abraham d'Our des Chaldéens. Il était âgé de soixante quinze ans. Nous lisons cet épisode dans Genèse 12.1-3 « Le SEIGNEUR dit à Abram : "Pars de ton pays, de ta famille et de la maison de ton père vers le pays que je te ferai voir. Je ferai de toi une grande nation et je te bénirai. Je rendrai grand ton nom. Sois en bénédiction. Je bénirai ceux qui te béniront, qui te bafouera je le maudirai ; en toi seront bénies toutes les familles de la terre". »

Dans le texte ci-dessus Dieu déposa dans le cœur d'Abraham un nouveau rêve glorieux relatif à son avenir. Abraham ne compta ni sur sa force physique ni sur ses richesses. Mais il a eu foi en ce que Dieu avait promis dans son rêve. Sans la vision et le rêve, la foi ne peut pas naître. C'est la raison pour laquelle la parole de Dieu déclare « faute de vision le peuple périt ». Si vous n'avez pas de rêve, vous n'avez pas matière à croire. Ainsi, si vous ne croyez pas en quelque chose vous ne pouvez pas créer. Par le rêve, une foi inflexible était née dans le cœur d'Abraham. Il est écrit dans Hébreux 11.8 « Par la foi, répondant à l'appel, Abraham obéit et partit pour un pays qu'il devait recevoir en héritage, et il partit sans savoir où il allait ».

C'est au travers de son rêve qu'Abraham quitta Our des Chaldéens. Par la foi, il partit à cause du rêve selon lequel il recevrait un héritage conformément à la promesse de Dieu. Âgé de quatre-vingt dix-neuf ans, il attendait avec foi le fils qui lui était promis. Sa foi vint par le rêve de la promesse de Dieu qui allait devenir vivante en lui. Comment un homme âgé de quatre-vingt dix-neuf ans peut-il concevoir un enfant ? Naturellement, c'est totalement impossible pour la raison humaine, toutefois le rêve promis se réalisa. Romains 4.18-19 rend témoignage de sa foi et de son rêve.

« Espérant contre toute espérance, il crut et devint ainsi le père d'un grand nombre de peuples, selon la parole : Telle sera ta descendance. Il ne faiblit pas dans la foi en considérant son corps - il était presque centenaire - et le sein maternel de Sara, l'un et l'autre atteints par la mort ».

Même de nos jours, Dieu continue à agir par votre foi. La foi est le récipient invisible qui tient nos rêves, du même coup vous ne pouvez pas avoir de rêves sans la foi.

Comment pouvons nous recevoir des rêves ?

Les rêves naissent dans nos cœurs par la parole de Dieu, sous l'action de son Esprit. D'un bout à l'autre de la Bible, de la Genèse à l'Apocalypse, la parole de Dieu renferme des promesses dépassant la logique humaine. Si ces promesses sont ensemencées dans nos cœurs, il y aura une floraison de rêves qui, à leur tour, grandiront. Des pensées fugaces qui n'ont aucune base biblique ou qui ne sont pas en accord avec la parole de Dieu ne sont que des chimères qui disparaîtront avec le temps. Les rêves qui naissent dans nos cœurs par la parole de Dieu grandiront, fleuriront et deviendront réalité dans nos vies. Lors de la lecture de la parole, laissez ces promesses provoquer la foi et le rêve dans vos cœurs. Cela se traduira en une réalité concrète dans vos vies. Comme 3 Jean 2 nous le dit, vous pouvez devenir prospère et en bonne santé, ainsi que votre âme qui rapidement se portera bien. Vos rêves feront que votre foi grandira et à son tour votre foi gardera vos rêves vivant jusqu'à ce qu'ils se réalisent dans votre vie.

Revenons à la question de savoir comment nous pouvons avoir des rêves.

C'est par la parole de Dieu que naissent les rêves. Du livre de la Genèse au livre de l'Apocalypse, la parole de Dieu regorge de grandes promesses qui dépassent la logique humaine. Si nous ensemençons ces promesses dans nos cœurs, comme des semences de fleurs, elles fleuriront au-delà de notre compréhension humaine. Les rêves provenant de l'action du Saint-Esprit produiront assurément une floraison. Par contre, les vaines rêveries ne proviennent pas de la parole de Dieu. Faite des beaux rêves par la parole de Dieu ! Comme 3 Jean 2 nous le dit, vous pouvez devenir prospère et en bonne santé comme pour votre âme qui rapidement se porte bien.

3. Pour vivre par la foi nous devons prier

Chaque jour nous respirons l'air de l'atmosphère. Si un homme s'arrête de respirer un instant seulement, ne serait-ce que quatre minutes, il mourra. Afin d'avoir une foi vivante, il faut prier avec ferveur tout comme il faut respirer pour vivre. Si les chrétiens négligent de prier ils ne pourront mener une vie victorieuse. C'est la raison pour laquelle nous devons mettre à part un moment spécial pour être seul avec Dieu dans la prière. Je vous exhorte à vous lever tôt le matin afin de maintenir une foi forte. Commencez votre journée par plus d'une heure de prière. Si vous prenez au moins une heure chaque matin, votre foi ne faiblira jamais, bien au contraire elle deviendra de plus en plus forte.

La foi vigoureuse des chrétiens coréens est bien connue à travers le monde ; il en est ainsi grâce à la prière matinale. Parce que tôt le matin, nous nous attelons à la lecture de la Bible et à la prière, notre foi est activée dans notre vie quotidienne.

Bien souvent, la prière de nombreux chrétiens s'articule autour de la requête. Ceci est très enfantin. Les chrétiens mûrs, lorsqu'ils prient, commencent par des actions de grâce et des louanges à Dieu. Suivront alors des requêtes pour les besoins des autres, les voisins, la famille, les amis, et l'œuvre de Dieu dans l'Église. C'est ainsi que nous devrions prier. Alors seulement nous serons aptes à prier pour nos besoins.

Il existe différentes formes de prière : la prière non verbale, à l'unisson, dans l'assemblée, etc... Cependant, seuls ceux qui ont une vie de prière disciplinée pendant des années sont capables de prier silencieusement. Bien souvent, la prière silencieuse est gênée par plusieurs distractions, et le fil de la pensée est facilement rompu. La prière faite à l'unisson avec d'autres est plus bénéfique aux jeunes croyants parce qu'ils peuvent écouter ce que les autres disent, et dans le même temps en tirer profit et des encouragements en raison de la ferveur des autres. Ils seront encouragés à faire de même.

Il y a aussi la nuit de prière, le jeûne et prière, la prière matinale et la prière à n'importe quel moment. En priant de tout notre cœur, assurément nous toucherons le trône de Dieu et notre foi sera actionnée.

4. Vivre par la foi implique que nous devons utiliser notre langage de la bonne manière

En vérité, la foi est rendue forte ou faible par notre langage. Notre façon de parler influence notre foi. Nous apprenons par Jacques la grande influence qu'a notre langue sur notre vie.

« Tant nous trébuchons tous. Si quelqu'un ne trébuche pas lorsqu'il parle, il est un homme parfait, capable de tenir en bride son corps entier. Si nous mettons un mors dans la bouche des chevaux pour qu'ils nous obéissent, nous menons aussi leur corps entier. Voyez aussi les bateaux : si grands soient-ils et si rudes les vents qui les poussent, on les mène avec un tout petit gouvernail là où veut aller celui qui tient la barre. De même, la langue est un petit membre et se vante de grands effets. Voyez comme il faut peu de feu pour faire flamber une vaste forêt ! » (Jac 3.2.5).

Nous aurions tort de nous imaginer que notre foi chrétienne puisse grandir, lors même que nous ne faisons pas cas de la façon dont nous parlons. En effet, si nous parlons constamment d'une manière négative, en disant « je ne peux pas… », « je ne suis bon à rien » et en se plaignant les uns des autres en tout temps, Satan utilisera assurément ces paroles comme un fondement pour agir, envahir notre foi, nous dépouiller, nous tuer et nous détruire. Tenir des propos négatifs peut ouvrir la porte aux forces des ténèbres. Pour que cela ne soit point, mettons un mors dans notre bouche et faisons l'effort de prononcer uniquement de bonnes paroles au sujet des uns, des autres et de nous-même. Même si nos yeux ne peuvent pas voir à travers le problème, nos oreilles entendre des paroles encourageantes, ni nos mains palper les résultats concrets face à la souffrance, nous devons tenir ferme sur la parole de Dieu et parler ainsi : « Je peux faire ceci. Laisse-moi faire cela ». Comme il est écrit dans la parole de Dieu, dans 3 Jean 2 « Cher ami, je souhaite que tu te portes bien à tous égards, et que ta santé soit bonne ; qu'il en aille comme pour ton âme qui, elle, se porte bien ». Je suis en Christ, donc je peux tout faire avec son aide. Ainsi, cette parole se saisira de notre esprit, de notre âme et de notre corps, afin de coopérer avec nos désirs de marcher victorieusement sur le chemin de la foi, jusqu'à ce nous accomplissions ce qui est un défi pour nous.

Quand Abraham avait cent ans et Sarah quatre-vingt dix ans, Dieu plaça figurativement dans leur bouche des mors afin de les empêcher de s'écarter de ces propos « père de toutes les nations » et « mère de toutes les nations ». En reconnaissant et s'appelant l'un et l'autre par leur nouveau nom par la foi, ils sont devenus père et mère de toutes les nations !

Dieu est le Dieu qui fait vivre les morts et appelle à l'existence ce qui n'existe pas. (Ro 4.17). Nous sommes ses enfants. Nous ne devons pas vaciller à cause des circonstances changeantes, mais tenir ferme sur la base de la parole de Dieu. Il faut parler de façon créative et expérimenter le miracle du Père dans nos vies.

Vivre par la foi ne vient pas naturellement. Ils nous faut être rempli du Saint-Esprit, avoir des rêves, prier, et démontrer notre foi en ayant sur nos lèvres des paroles qui encouragent et fortifient la foi. C'est en poursuivant chaque jour nos efforts dans ce domaine, que nous serons agréables à notre Père Céleste qui agira par notre foi.

> *« Or, sans la foi, il est impossible d'être agréable à Dieu, car celui qui s'approche de Dieu doit croire qu'il existe et qu'il récompense ceux qui le cherchent »*
>
> ***(Hé 11.6).***

> *« Jésus lui dit : "Si tu peux !... Tout est possible à celui qui croit" »*
>
> ***(Mc 9.23).***

2 L'homme que Dieu élève

« Comportez-vous ainsi entre vous, comme on le fait en Jésus-Christ : lui qui est de condition divine n'a pas considéré comme une proie à saisir d'être l'égal de Dieu. Mais il s'est dépouillé, prenant la condition de serviteur, devenant semblable aux hommes, et, reconnu à son aspect comme un homme, il s'est abaissé, devenant obéissant jusqu'à la mort, à la mort sur une croix. C'est pourquoi Dieu l'a souverainement élevé et lui a conféré le Nom qui est au-dessus de tout nom, afin qu'au nom de Jésus tout genou fléchisse, dans les cieux, sur la terre et sous la terre, et que toute langue confesse que le Seigneur, c'est Jésus-Christ, à la gloire de Dieu le Père »

(Ph 2.5-11).

Lorsque Dieu ouvre une porte, nul ne peut la fermer, et lorsqu'il en ferme une, nul ne peut l'ouvrir (Ap 3.7). En effet, lorsque Dieu élève un homme, nul homme ne peut l'abaisser quelles que soient les circonstances et personne ne peut élever quelqu'un que Dieu a abaissé.

Nous devons faire attention à nous-même et toujours nous demander, « suis-je qualifié à être élevé par Dieu ? » ou « Est-ce que Dieu m'humilie par cette fâcheuse situation ? ». Nous devons toujours être sensibles et nous assurer devant le Seigneur que nous développons bien en nous les qualifications que Dieu recherche dans un homme pour qu'il puisse l'élever. Quelles sont ces qualifications et comment pouvons nous apprendre à nous mesurer selon le standard de Dieu ?

La parole de Dieu nous enseigne clairement qu'il nous faut avoir la pensée de Christ. « Jésus lui qui est de condition divine n'a pas considéré comme une proie à saisir d'être l'égal de Dieu. Mais il a pris la condition de serviteur, vivant en serviteur et devenant obéissant jusqu'à la mort, à la mort cruelle sur la croix. Mais Dieu l'a élevé du plus bas au plus haut et lui a conféré le nom qui est au-dessus de tout nom, afin que tout genou fléchisse devant lui dans les cieux, sur la terre et sous la terre ».

Vous devez vous aussi, si vous voulez être élevé par Dieu, avoir la même pensée que celle qui était en Christ : Lui qui est totalement humble et obéissant. Combien est grande l'humilité de Jésus-Christ qui est Dieu ! Il laissa le trône céleste et vint sur la terre prenant la condition la plus basse de l'être humain, endurant pendant sa vie ici bas la moquerie de la part de l'homme qu'il avait créé. Même sa mort ne fut pas ordinaire, puisque sur la croix, il subit la mort la plus affreuse et la plus honteuse réservée au pire des pécheurs. C'était le châtiment le plus lourd connu par l'humanité, pourtant il accepta de le subir par obéissance au plan de Dieu.

De la même manière, les hommes obéissants qui possèdent l'humilité de Christ seront assurément élevés par Dieu. Toutefois, ils devront auparavant passer au travers du feu et des eaux profondes, et connaître des épreuves et des souffrances de tout genre, du fait que la nature humaine a tendance à refuser la pensée de Christ.

1. Des hommes humbles et obéissants

La Bible dit qu'Abraham est le père de tous les croyants (Ro 4.11) et que ceux qui ont la même foi que lui seront bénis en obtenant les bénédictions d'Abraham, le croyant (Ga 3.9). Abraham fut un homme humble et obéissant, c'est la raison pour laquelle il reçut des grandes bénédictions.

Lorsqu'il quitta sa patrie

Abraham avait le tempérament d'un homme humble et obéissant. Lorsque Dieu l'a fait sortir de la terre des Chaldéens, il lui fit une grande promesse : « Le SEIGNEUR dit à Abram : "Pars de ton pays, de ta famille et de la maison de ton père vers le pays que je te ferai voir. Je ferai de toi une grande nation et je te bénirai. Je rendrai grand ton nom. Sois en bénédiction. Je bénirai ceux qui te béniront, qui te bafouera je le maudirai ; en toi seront bénies toutes les familles de la terre" » (Ge 12.1-3).

Toutefois, si nous sommes dotés des traits innés à l'humilité et l'obéissance, de telles qualités pour être mature et se développer doivent passer au creuset pour être raffinées à travers les souffrances de la vie. Même si Abraham était un homme de Dieu humble et obéissant, il lui fallut, avant de recevoir les bénédictions de Dieu, passer par une période de formation, pour devenir plus humble et obéissant.

Lorsque Abraham crût aux promesses de Dieu et partit vers la terre de Canaan, le degré de pureté de son obéissance était encore très faible. Bien que Dieu ait clairement dit à Abraham d'aller vers le pays qu'il lui ferait voir, en laissant tout derrière lui sauf sa femme. Abraham n'avait pas obéi totalement. Quittant Harrân, Abraham partit avec toute sa famille, accompagné de son neveu Lot et de leurs serviteurs à tous deux. Oui, Abraham avait bien écouté les paroles de Dieu. Il s'était humilié et avait obéi à Dieu, mais son obéissance n'était pas totale. Dans son cœur bien d'autres choses cherchaient à avoir la priorité. Toutefois, Dieu commença son œuvre dans la vie d'Abraham. Il lui fit passer une épreuve brûlante lorsqu'il arriva à Canaan. Dieu avait un but : le changer.

L'arrivée à Canaan

A son arrivée à Canaan, Abraham trouva une ville où le lait et le miel n'abondaient pas. Une terrible famine l'y attendait. L'herbe pour les animaux manquait, ainsi que la nourriture pour les serviteurs. Plusieurs de ses serviteurs le quittèrent et retournèrent chez eux. Une grande partie de ses troupeaux mourut, suite à la famine.

Si Abraham, devant une telle tragédie, s'était abaissé humblement devant Dieu, et avait laissé Dieu le briser, assurément Dieu l'aurait béni à cet endroit. Il aurait dû prier ainsi : « Père céleste, pardonne mon orgueil. J'ai suivi mes propres voies croyant qu'elles suffisaient pour ma vie ». Mais Abraham ne pria pas. Au lieu de cela il partit en Égypte accompagné de sa femme et de Lot, allant là où Dieu ne lui avait pas ordonné d'aller.

Abraham en Égypte

Est-ce qu'Abraham a vraiment trouvé le bonheur en Égypte ?

Sûrement pas ! Il était encore plus misérable. Il en arriva même à mentir au roi, qui prit sa femme ; et Abraham vécut avec un tel mensonge en présence du roi. Toutes ces circonstances travaillaient à son brisement. Il commença à reconnaître « ah ! La vie n'est pas comme je l'envisageait ? Je pensais pouvoir gérer moi même les affaires de la vie, mais seul je ne peux pas. J'ai besoin de Dieu ». Ainsi, il s'humilia de tout son cœur et se livra totalement à Dieu, avec tous ses problèmes. Il résolut de retourner vers Dieu pour faire sa volonté comme il l'avait fait jadis. Alors Dieu l'éleva. Le roi lui restitua sa femme et lui donna de l'or, de l'argent, des troupeaux et des serviteurs. Abraham n'est alors plus le même. Son cœur est obéissant à la volonté de Dieu et soumis à sa direction. Il retourna à Canaan et vécut sous la grande bénédiction de Dieu.

Humilité totale et obéissance totale

De retour en Canaan, Abraham fut à nouveau éprouvé par Dieu. Une querelle éclata entre les bergers d'Abraham et ceux de Lot, au sujet des pâturages pour leurs brebis. La superficie du territoire était trop limitée vu le nombre de leurs brebis. On découvre un autre Abraham. Il est humble, brisé et totalement confiant en Dieu. Il dit à son neveu Lot : « J'ai résolu d'être conduit par Dieu et de lui obéir. Sépare-toi donc de moi. Si tu prends à gauche, je prendrai à droite ou si tu pars à droite, j'irai à gauche ».

En entendant ces paroles, Lot choisit le pays de Sodome et de Gomorrhe dans le district du Jourdain.

Abraham était devenu un homme brisé et soumis. Il avait les deux qualités que Dieu désirait grandement trouver en lui. Alors, Dieu bénit Abraham : « Le SEIGNEUR dit à Abram après que Loth se fut séparé de lui : “Lève donc les yeux et, du lieu où tu es, regarde au Nord, au sud, à l'Est et à l'ouest. Oui, tout le pays que tu vois, je te le donne ainsi qu'à ta descendance, pour toujours” » (Ge 13.14-15). Abraham était un homme brisé et obéissant à Dieu. Tout cela était le fruit de son expérience. En Canaan, il avait connu la famine, en Égypte, la honte. C'est à partir de ce moment qu'il commença à posséder la pensée de Christ.

Ce n'est pas pour autant qu'il avait fini d'apprendre toutes les leçons que Dieu désirait lui enseigner. C'est à l'âge de quatre-vingt ans qu'il va devoir affronter une autre épreuve, celle de la stérilité. Devant cette réalité, Abraham chercha à aider Dieu. Suite à son désir d'avoir un enfant, il connut Hagar. De cette liaison naîtra Ismaël. Une tension familiale eut lieu dans la maison entre Hagar et Saraï. Abraham vécut à nouveau une terrible épreuve. En effet, si Ismaël n'était pas venu au monde, la guerre entre les Arabes et les Juifs n'aurait pas eu lieu. Cette guerre a fait couler beaucoup trop de sang et les hommes continuent à en souffrir aujourd'hui encore.

A la suite de la grande tempête qui suivit la naissance d'Ismaël, Abraham s'humilia et fut de nouveau brisé. C'est à l'âge de cent ans qu'il fut béni par la naissance d'Isaac. Brisé, Abraham obéit à Dieu spontanément, sans le questionner lorsqu'il lui demanda d'offrir son fils Isaac en sacrifice au Mont de Moriyya. Nul ne sait quelles étaient ses pensées en ce jour là. Toutefois, la parole de Dieu nous rapporte sa totale obéissance. C'est alors qu'il dit : « Je le jure par moi-même, oracle du SEIGNEUR. Parce que tu as fait cela et n'as pas épargné ton fils unique, je m'engage à te bénir, et à faire proliférer ta descendance autant que les étoiles du ciel et le sable au bord de la mer. Ta descendance occupera la Porte de ses ennemis » (Ge 22.16-17).

En résumé, l'obéissance et la soumission totale d'Abraham à la volonté de Dieu sont une preuve qu'il avait la pensée de Christ. Dieu l'éleva et il devint le père de notre foi.

2. Isaac un homme d'humilité et d'obéissance

Parmi les patriarches de l'Ancien testament, Isaac est celui qui n'a pas vraiment souffert mais qui a mené une vie aisée. En effet, il avait hérité de toutes les richesses de son père. Il était de ce fait, sans privations et il connaissait d'abondantes bénédictions. Mais comment Isaac pouvait-il avoir « la pensée de Christ » en vivant apparemment sans d'ardentes épreuves ou souffrances à l'image de ce qu'avait connu Abraham ? Les relations de Dieu avec Isaac avaient bel et bien débuté au moment où Abraham emmena son fils sur le Mont Moriyya. Étant un jeune homme de vingt ans, il aurait pu s'opposer à la demande de son père. Il aurait pu demander « Père que me fais-tu ? Tu deviens vieux et sénile. Arrête ! Lâche-moi ! ». Isaac avait assez de force pour résister à l'acte étrange de son père alors qu'il le plaçait sur l'autel. Un vieillard comme Abraham n'aurait pas eu d'autre choix que de le libérer. Mais Isaac se soumit totalement à Abraham. Il avait une telle confiance dans le Dieu de son père, qu'il coopéra volontairement en se soumettant au plan de celui-ci. Il comprenait le but de l'autel. Dans l'Ancien Testament, Isaac était une préfiguration de Jésus-Christ qui vient (Hé 11.17). Aussi, Dieu éleva Isaac parce qu'il avait la « pensée de Christ ». Sa vie était agréable à Dieu. Durant sa vie il ne connut pas la souffrance. Au contraire, il est écrit qu'il a reçu de grandes bénédictions de Dieu.

3. L'humilité et l'obéissance de Jacob

Dieu nous voit comme nous sommes réellement. Il connaît nos bons et mauvais traits de caractère. Jacob, « le trompeur », était comme son nom l'indique, un homme qui trompait. Il était le frère jumeau d'Ésaü. Il n'avait pas les qualités d'humilité et d'obéissance que Dieu recherchait. Toutefois, Dieu discernait de faibles traces d'humilité et d'obéissance en lui. Pour cette raison Dieu le choisit. Dieu regarde toujours les moindres détails de nos vies parce qu'il sait comment agir en nous pour accomplir ses desseins.

Une épreuve longue de vingt ans

Il fallut vingt ans pour que Jacob possède la pensée de Christ. Il faisait tout pour arriver à ses fins. Il avait trompé son père Isaac, escroqué Ésaü, et quand celui-ci le poursuivit pour le tuer, il dût finalement se réfugier chez son oncle Laban. Jacob passa des années chez celui-ci, à astucieusement le voler. Laban le lui rendit bien. Ainsi, d'épreuves en épreuves, Jacob fut finalement brisé devant Dieu. Ce fut au moyen de ces épreuves que Dieu le rendit graduellement humble et obéissant.

Quand Jacob atteignit l'âge de quarante ans, Dieu lui dit de retourner dans sa maison paternelle. Ayant planifié en cachette son évasion, il prit la fuite de nuit avec les membres de sa famille, ses troupeaux, les serviteurs qu'il avait accumulés au cours de ces années. Il partit en cachette sans en rendre compte à Laban. C'est au bout de trois jours que Laban rattrapa le fuyard, mais celui-ci bénéficia de la protection divine.

« Laban » dit Dieu « Garde-toi de rien dire à Jacob en bien ou en mal ». Donc Laban ne leva pas la main sur Jacob, mais le laissa partir. Pourtant Jacob hésitait à retourner dans la maison familiale. Le fruit d'une mauvaise conscience s'empara de lui, lui qui jadis avait trompé son frère. Pendant ces vingt années de séparation, Ésaü avait eu tout le loisir d'aiguiser son couteau en vue de tuer Jacob. C'est ainsi que Jacob se sentait cerné de tous côtés. Que pouvait-il faire ? Pour obtenir la faveur de son frère Ésaü, il se fit précéder de beaucoup de cadeaux par l'intermédiaire de ses serviteurs. Les serviteurs revinrent au devant de Jacob pour lui signaler que son frère marchait à sa rencontre avec quatre cents hommes. Jacob fut saisi de crainte et tomba dans un abîme de désespoir. Malgré ce lot de problèmes qui l'assaillaient de tous côtés, Jacob ne fit toujours pas appel à Dieu en s'humiliant et en cherchant son aide. Mais, au lieu de cela, il eut recours à un nouveau stratagème. Pour sauver sa propre vie, il envoya ses femmes, ses enfants, ses troupeaux, devant lui de l'autre côté du torrent. Il décida de rester seul en arrière afin de voir comment la situation évoluerait. A la tombée de la nuit, il était seul. Un ange vint et lutta avec lui jusqu'au lever du jour. L'ange vit qu'il ne pouvait l'emporter sur lui. Pour s'en défaire il frappa Jacob à la courbe du fémur qui se déboîta. Boiteux et seul, Jacob ne pouvait plus courir. Que faire ? L'unique alternative qui s'offrait à lui était de faire face à son problème. Dans son angoisse, il cria vers l'ange « Je ne te laisserai pas, répondit-il, que tu ne m'aies béni ». Et l'ange le bénit. C'est ainsi, que Jacob retourna dans sa maison familiale sain et sauf, escorté par les quatre cents hommes d'Ésaü, ceux là même qui auparavant avaient marché à sa rencontre.

4. Avoir la « pensée de Christ » c'est être humble et obéissant envers Dieu

La Bible nous dit : « Ayez en vous la pensée de Christ, existant en forme de Dieu… ». La pensée de Dieu nous vient par le brisement, l'humilité, et la contrition du cœur devant Dieu et cela face aux épreuves et aux problèmes. C'est l'esprit d'obéissance au commandement de Dieu qui peut aller jusqu'à sa propre mort. Lorsque nous devenons humbles et obéissants, permettant au Saint-Esprit d'œuvrer dans les domaines de nos vies où nous sommes faibles, Dieu peut nous élever et Lui il est glorifié. Toutefois, si nous ne devenons pas humbles et obéissants, même au sein des épreuves les plus terribles, Dieu ne peut pas nous bénir tant que nous ne sommes pas brisés et humbles, totalement obéissants aux instructions qu'il désire nous transmettre.

Plusieurs personnes questionnent Dieu lorsqu'elles passent par l'épreuve. « Père, pourquoi permets-tu cette souffrance au lieu de me bénir ? Pourquoi dois-je souffrir ? Pourquoi moi ? ».

La réponse de Dieu est claire, « Humiliez-vous donc sous la main puissante de Dieu, afin qu'il vous élève au moment fixé » (1 Pi 5.6). Il dit, « Mon enfant, je ne peux pas bénir ceux qui n'ont pas la pensée de Christ ».

Si vous souffrez au travers d'épreuves ou de blessures douloureuses, comme Abraham et Jacob, humiliez votre cœur devant Dieu. Permettez que tout cela contribue à atteindre son objectif, c'est-à-dire votre brisement. C'est seulement de cette manière que vous aurez la pensée de Christ. C'est alors qu'il pourra vous élevez et vous bénir.

« Bien-aimés, ne trouvez pas étrange d'être dans la fournaise de l'épreuve, comme s'il vous arrivait quelque chose d'anormal » (1 Pi 4.12). Son but ultime est que vous « Ayez en vous la pensée de Christ, existant en forme de Dieu » (Ph 2.5).

3 Les quatre étapes qui peuvent vous apporter les miracles de Dieu

« Jésus leur répond et dit : "Ayez foi en Dieu. En vérité, je vous le déclare, si quelqu'un dit à cette montagne : Ôte-toi de là et jette-toi dans la mer, et s'il ne doute pas en son cœur, mais croit que ce qu'il dit arrivera, cela lui sera accordé. C'est pourquoi je vous déclare : Tout ce que vous demandez en priant, croyez que vous l'avez reçu, et cela vous sera accordé. Et quand vous êtes debout en prière, si vous avez quelque chose contre quelqu'un, pardonnez, pour que votre Père qui est aux cieux vous pardonne aussi vos fautes." »

(Mc 11.22-25).

Un jour, Jésus et ses disciples quittèrent Béthanie pour Jérusalem. Jésus eut faim. Le long du chemin, lui et ses disciples trouvèrent un figuier au bord de la route. Il alla voir s'il n'y trouvait pas quelque chose. S'étant approché, il ne trouva que des feuilles. L'arbre ne portait aucun fruit. La parole de Dieu dit clairement que ce n'était pas le temps des figues. Toutefois, ceci n'empêcha pas Jésus de s'adresser au figuier : « Que jamais plus personne ne mange de tes fruits ! » (Mc 11.14).

Jésus poursuivit son chemin. Il arriva à Jérusalem et annonça le royaume de Dieu. Sa tâche accomplie, il retourna à Béthanie pour y passer la nuit. Le lendemain matin, Jésus, accompagné de ses disciples fit de nouveau route vers Jérusalem. Pierre vit que le figuier précédemment maudit était desséché. Il éleva la voix et dit : « Rabbi, regarde, le figuier que tu as maudit est tout sec. »

Jésus lui répondit : « Ayez foi en Dieu. En vérité, je vous le déclare, si quelqu'un dit à cette montagne : Ôte-toi de là et jette-toi dans la mer, et s'il ne doute pas en son cœur, mais croit que ce qu'il dit arrivera, cela lui sera accordé. C'est pourquoi je vous déclare : Tout ce que vous demandez en priant, croyez que vous l'avez reçu, et cela vous sera accordé. Et quand vous êtes debout en prière, si vous avez quelque chose contre quelqu'un, pardonnez, pour que votre Père qui est aux cieux vous pardonne aussi vos fautes. » (Mc 11.22-26).

C'est par cette situation tirée de la vie, que Jésus enseigna ses disciples. Ils reçurent un enseignement concernant l'extraordinaire puissance de la foi et sur la façon de l'exercer dans la vie de tous les jours. Il leur enseigna cette leçon avec suffisamment de détails.

1. Ayez foi en Dieu

On trouve deux sortes de foi : la foi naturelle et la foi spirituelle. De nos jours, les gens ont foi dans leurs connaissances scientifique ou dans leur expérience personnelle. Ils vivent selon leur foi naturelle. A titre d'exemples, prenons quelques comparaisons tirées de la vie ordinaire. Nos contemporains ont foi dans les médicaments. Pour quelle raison ? Parce qu'ils ont confiance en des savants (pharmaciens) dont les affirmations font autorité. Quant aux expériences scientifiques, jamais ils ne les ont réalisées, mais ils en croient les témoignages. C'est avec cette confiance qu'ils se rendent chez le pharmacien pour faire l'achat des médicaments nécessaires. D'autres ont la foi naturelle dans les connaissances de leurs médecins. Il y a ceux qui se confient en leur automobile pour aller d'un point à un autre. On peut aussi croire dans les avions pour traverser l'Océan Pacifique. A cela, on peut ajouter les bureaux de postes. Les gens croient qu'en déposant une lettre dans une boîte aux lettres, elle sera prise en charge jusqu'à sa destination. Et les banques ! Les gens ne déposent-ils pas leurs salaires entre les mains d'un inconnu pour être gérés. Pour les gens vivant dans les régions tropicales, on trouve aussi la foi naturelle. Ils croient dans le cycle des saisons. Même si ils connaissent pendant toute l'année différentes saisons, ils savent, par expérience, que si le soleil est rouge à son coucher, le lendemain il fera beau. Une telle foi est le résultat de la connaissance et de l'expérience. Tous, chrétiens et non chrétiens, exercent une foi de cette nature. Voilà d'authentiques actes de foi.

Par contre, la foi spirituelle provient de la connaissance de Dieu et concerne ceux qui ont fait une expérience avec lui. La foi en Dieu est totalement différente de la foi de l'homme, en général. Il est vrai que l'homme détient une certaine connaissance et possède l'expérience du monde. Mais, une telle connaissance ne peut le conduire à faire une expérience avec Dieu. Notre connaissance du monde est insuffisante pour croire en Dieu. Lorsque Jésus dit à ses disciples « ayez foi en Dieu », il ne voulait pas parler d'une connaissance et d'une expérience purement humaines. En effet, la connaissance ou l'expérience humaine ne suffisent pas pour croire en Dieu. Il faut avoir une autre connaissance ou expérience, totalement nouvelle.

Pour croire en Dieu, il faut connaître ce que la Bible nous enseigne à son sujet. Si nous désirons obtenir la foi spirituelle, il est impératif d'entendre, de lire et d 'étudier la parole de Dieu. Il n'y a pas d'autre voie pour connaître le Dieu créateur du ciel et de la terre, celui qui contrôle l'histoire humaine.

Nous ne pouvons connaître Dieu que par Jésus-Christ, son fils. Le salut n'est obtenu que par lui. C'est en le recevant comme notre Sauveur et Seigneur que nous pouvons expérimenter le salut de Dieu, la foi, l'espérance et l'amour.

La foi de Dieu n'est pas d'ordre naturel. Elle est d'un autre ordre. Elle se nourrit de la connaissance des Saintes Écritures. Marcher avec cette foi, c'est comme découvrir et expérimenter un monde nouveau. C'est pénétrer dans l'univers miraculeux de Dieu. Cela n'est pas réalisable pour la foi naturelle où tout est rationnel puisqu'une telle foi est le produit de la science et de la logique humaine. Le miracle existe pour ceux qui ont foi en Dieu. Dieu est le fabuleux créateur. Le fait de le connaître, de croire en lui nous ouvre la porte, nous permettant de connaître de grands miracles dans notre vie.

Par les Saintes Écritures, nous parvenons à une plus grande connaissance de Dieu.

Premièrement, nous apprenons que Dieu a envoyé son fils unique, Jésus-Christ, pour sauver l'homme. Par la parole de Dieu, nous pouvons recevoir le salut et posséder la certitude du salut.

Deuxièmement, nous apprenons également que Dieu est le grand médecin qui nous guérit. Selon la volonté de Dieu, Jésus-Christ a porté nos maladies et nos infirmités. Il fut meurtri et par ses meurtrissures nous avons obtenu la guérison. Il nous faut le croire et ainsi, prier pour notre guérison.

Par Jésus-Christ, Dieu a aboli l'autorité et la puissance du diable, notre ennemi. Jésus-Christ a désarmé Satan. Il l'a vaincu. Nous le savons au travers de la Bible. Nous recevons ainsi l'assurance, qui nous permet de nous tourner vers Dieu dans la prière, et de lui demander de nous délivrer de l'oppression du diable.

De plus, grâce à la parole de Dieu, nous savons que Dieu nous sauve de la malédiction, du désespoir et de la déception, par la mort de Jésus. Nous avons donc des garanties solides pour notre foi, à savoir que par les souffrances de Jésus-Christ sur la croix, nous sommes délivrés de la malédiction. Les bénédictions d'Abraham sont vraiment les nôtres.

Toujours, par Jésus-Christ, Dieu a aboli la mort éternelle et l'enfer pour tous ceux qui se confient dans la puissance salvatrice de Jésus. Il a préparé pour eux, de nouveaux cieux et une nouvelle terre, la nouvelle Jérusalem. Avec les faits bibliques présents à l'esprit, nous croyons que la vie éternelle nous est réservée là-haut, à l'issus de notre pèlerinage terrestre. Nous vivons avec de grandes espérances.

Que dire de plus ? Une foi qui ne vient pas de la Parole de Dieu est dangereuse. S'attendre aux miracles en dehors de cette parole est sujet à caution. Une telle démarche est dangereuse, c'est du mysticisme. C'est seulement lorsque nous nous reposons sur la parole de Dieu, avec foi, que nous pouvons témoigner de ses miracles dans notre vie. C'est dans ce contexte que Jésus à dit : « Ayez foi en Dieu ».

2. Si quelqu'un dit à cette montagne : « ôte-toi de là... » que signifie cette montagne ?

Jésus poursuit son discours et parle de l'effet puissant de la Parole. L'expression « ôte-toi de là » renferme un message. Mais, que veut-il dire par : « cette montagne » ? Ce sont les problèmes que l'abominable (le diable) apporte aux gens. Aussi longtemps que nous sommes sur cette terre, nous aurons continuellement à faire face à divers problèmes : le désespoir, les déceptions, les péchés et les divisions, souvent causés par des démons. Ces démons qui dérobent, tuent et détruisent les hommes. Jésus-Christ nous dit que, face à ces maux, il suffit de croire en Lui.

Et s'il ne doute pas dans son cœur

Il se peut que vous disiez « Oui, pasteur j'ai souvent parlé à ma montagne, sans pour autant voir le miracle se produire.» Il faut noter que la parole de Dieu déclare que nous devons « commander » à la montagne et cela sans douter.

Le doute est un obstacle à surmonter. Il faut s'en débarrasser. Nos cœurs doivent être purifiés de la culpabilité. Nous pouvons professer de toutes nos forces : « je crois, je crois ». Mais, si nous tolérons le péché, ce péché que Dieu connaît, notre conscience nous condamnera. Cela conduira à un manque de confiance. Notre foi et notre « commandement » n'auront pas de puissance.

Pour avoir le cœur purifié du doute, nous devons nous repentir de toute forme de désobéissance. Si nous vivons dans la désobéissance à la parole de Dieu, si nous sommes infidèle dans les dîmes, ne respectons pas le jour saint du Seigneur, ou si nous n'aimons pas nos voisins, etc, il est inutile de commander à nos problèmes de se déplacer. Pour se débarrasser du doute, nous les chrétiens nous devons, chaque jour, nous repentir de nos péchés et de la désobéissance afin que rien ne fasse obstacles à nos prières.

Tenir un langage positif

Nous devons tenir des propos positifs, confessant de nos bouches, que Dieu a créé les cieux, la terre et tout ce qui s'y trouve. Nous avons été créés à sa ressemblance et à son image. Donc, nous avons été créés pour exprimer une parole créatrice. C'est par la parole créatrice que nous pouvons contrôler notre caractère, notre environnement, notre destinée. Jésus-Christ a montré la puissance de la confession. Par sa parole, il a provoqué le dessèchement du figuier.

Il nous faut parler de manière positive, avec foi.

Il faut dire « Que la tristesse quitte ma maison ; que toute maladie me laisse. Je vaincrai le péché ; je suis un enfant de Dieu ; je suis un enfant de Dieu béni ». N'est-ce pas une affirmation étonnante ? C'est avec un tel langage que nous déracinons les puissances négatives, enfouies en nous et que la victoire nous est acquise. Cessons de dire constamment : « Je ne peux pas ; je suis un raté ; je ne suis rien ; je vais mourir de cette maladie ; je ne suis pas digne ». Ces affirmations négatives entraîneront assurément la mort comme ce fut le cas du figuier maudit par Jésus.

Quand Jésus enseigna cette leçon, il utilisa les mots « en vérité ». Nous pouvons ainsi voir combien Jésus a mis l'accent sur l'importance de la parole. Dans Proverbes 18.21, nous avons également une telle affirmation. Les paroles de nos bouches peuvent tuer ou stimuler. « La mort et la vie dépendent du langage, qui l'affectionne pourra manger de son fruit ». Pensons-y !

Dès ce moment, nous devons commencer à parler positivement. Dieu manifeste toujours sa grande puissance par nos confessions positives. La parole de Dieu dit : « Si tu t'es jeté dans le filet par les paroles de ta bouche, si tu t'es piégé par les paroles de ta bouche ». Cela est vrai. Je prie pour que vous ne doutiez pas. Parlez positivement, comme Jésus l'a fait.

3. Tout ce que vous demandez en priant, croyez que vous l'avez reçu, et cela vous sera accordé

Prier notre Père céleste et, s'attendre à lui pour un besoin particulier, exige que nous ayons un désir sanctifié dans nos cœurs. Trop de chrétiens viennent me voir en me demandant : « Pasteur, combien de temps dois-je prier pour recevoir une réponse ? ». La Bible nous enseigne que, si nous avons un désir spécifique, et que nous prions, nous devons prier jusqu'à ce que nous possédions l'assurance que nos prières sont en bonne voie. En suite, pour voir la chose demandée devenir une réalité, ce n'est plus qu'une affaire de temps.

Au moment où je prie, et lorsque je « sais » que j'ai reçu la chose demandée, bizarrement je ressens une assurance immense et une joie débordante dans mon cœur. C'est comme si, à ce moment là, la chose était devenue réalité. Vous pouvez avoir la même assurance. Quand vous priez, faites-le jusqu'à ce que vous receviez l'assurance de l'exaucement de votre prière. Ainsi, la paix et la joie pourront déborder en vous. Même si vous ne voyez pas la chose à l'œil nu, que rien n'a changé, que vous n'entendez rien, et que vous ne pouvez pas encore toucher la chose en question, c'est au moment où vous recevrez l'assurance et la paix, que la louange et la reconnaissance monteront de votre cœur vers Dieu. Donc, lorsque vous avez commencer à prier, ne vous arrêtez pas tant que vous n'avez pas reçu l'assurance que votre prière est exaucée. Et quand vous avez cette assurance de l'exaucement de votre prière, et que la paix déborde de votre cœur, faites montez à Dieu votre reconnaissance en proclamant positivement toute chose par votre bouche.

4. Si vous avez quelque chose contre quelqu'un, pardonnez

Si nous voulons faire l'expérience des miracles de notre Père, il est d'une grande importance dans notre vie par la foi de savoir pardonner. En effet, si nous persistons à vouloir garder de la rancune ou un grief à l'égard de nos bien aimés et que nous leur refusons notre pardon, Dieu ne nous pardonnera pas non plus. Puisque Dieu nous a pardonné nos nombreux péchés, nous nous devons également de pardonner ceux qui nous ont fait du tort. Comme Jésus l'explique dans Matthieu 18.23-31 au travers d'une parabole, si nous refusons d'agir ainsi, nous serons livrés au bourreau.

De quoi s'agit-il ? Il est question d'un homme qui devait à son roi une somme de 525 000 FF (de nos jours plus de 110 000 $). Il ne put s'acquitter de cette somme en temps et en heure. Alors, le roi l'avertit, tout en le réprimandant. Il lui dit : « Rends-moi mon argent. Si tu n'as pas de quoi me rembourser, vends ta femme, tes enfants et tes biens. En tout cas, rends-moi mon argent ». Se jetant alors à ses pieds avec gravité, l'homme sollicita le pardon du roi. Il dit : « Prends patience envers moi, s'il te plaît, et je te rembourserai ». Il supplia le roi de lui faire grâce. Heureusement, le roi l'écouta et lui remit toute sa dette. Il lui dit : « D'accord, je te pardonne. Tu n'as plus besoin de me rembourser ». En entendant ces paroles, l'homme bondit de joie, rendit grâce au roi et regagna son domicile les larmes aux yeux.

Le long du chemin, cet homme rencontra un de ses compagnons qui lui devait 49FF (10 $ actuels). Cet homme, qui avait été pardonné, saisit son ami à la gorge et le réprimanda en lui disant : « Rembourse ce que tu me dois ». Le débiteur, se jetant à ses pieds sollicita sa pitié : « s'il te plaît étale ma dette sur plusieurs jours ». Mais l'autre refusa . Bien plus, il le fit jeter en prison. Voyant ce qui venait de se passer, ses compagnons, témoins de la scène s'en allèrent informer le roi. Ils lui relatèrent tout ce qui s'était passé. Alors, le roi furieux, le fit venir et lui dit : « Mauvais serviteur, je t'avais remis toute ta dette, parce que tu m'avais supplié de le faire. Ne devais-tu pas, toi aussi, avoir pitié de ton compagnon, comme moi-même j'avais eu pitié de toi ? Et, dans sa colère, le maître le livra au bourreau, en attendant qu'il eût remboursé tout ce qu'il lui devait. C'est ainsi que mon Père céleste vous traitera, si chacun de vous ne pardonne pas à son frère du fond du cœur » (Mt 18.32-35). Jésus conclut alors par cette remarque : « C'est ainsi que mon Père céleste vous traitera, si chacun de vous ne pardonne pas à son frère du fond du cœur » (Mt 18.34-35). La leçon à tirer de ce passage est celle-ci : si nous ne pardonnons pas aux autres les offenses, les torts que l'on nous a fait, Dieu non plus ne nous pardonnera pas. Au contraire il nous livrera aux tortionnaires.

Et qui sont ces tortionnaires ?

Ce sont la maladie, la pauvreté, la souffrance, etc....

Pardonner, voilà la vérité capitale, la condition à remplir pour obtenir notre propre guérison et l'exaucement de nos prières.

Dans nos maisons, les mauvaises relations entre mari et femme dues à un manque de pardon, livrent la famille au tortionnaire du désespoir. Si nous professons être chrétien, mais que nous refusions de pardonner les torts des autres, Dieu nous livrera au tortionnaire de la souffrance. Et même si nous sommes fidèles vis à vis de l'église, que nous maintenons un culte d'adoration constant chez nous, nous n'aurons pas la joie, ni la paix tant que nous n'aurons pas pardonné.

Dans un monde comme le nôtre, nous sommes aux prises avec des gens méchants auxquels il est difficile d'accorder notre pardon. Vous allez me demander « Comment puis-je pardonner à une telle personne ? »

Je vous répondrai : « Mon frère, pardonne sans rien attendre ».

Reconnaissons notre incapacité humaine à pardonner les torts que l'on a subis. C'est pour cela que je vous recommande de prier de cette manière : « Père céleste, sans rien attendre, je pardonne ». C'est de cette manière qu'il vous faudra prier pour que la barrière ou le mur qui vous sépare de Dieu puisse tomber. C'est alors que vos affaires seront entre les mains de Dieu.

Quand nous pardonnons aux autres, le pardon de Dieu devient effectif pour nous. Le mur entre vous et Dieu s'écroulera et la puissance de la foi se développera. De plus, les tortionnaires qui ne viennent que pour dérober, tuer, détruire, s'enfuiront dans sept directions.

Les miracles dépassent la compréhension humaine. Ils ne sont pas explicables par la logique humaine car ils ne sont pas du domaine de l'expérience humaine. Les miracles sont l'œuvre de Dieu et procèdent de sa connaissance. Nous pouvons nous attendre à voir les miracles prendre place dans nos vies, lorsque nous avons foi en Dieu, que nous parlons positivement, et que nous prions jusqu'au moment où nous recevons l'assurance que nos prières ont été entendues par Dieu. Rendons grâce à Dieu pour cette foi, et maintenons un esprit de pardon à l'égard des autres. Stimulons notre foi. Les bénédictions et les miracles de Dieu viendront alors dans nos vies, tant sur le plan spirituel que physique.

4 La tragédie de l'égoïsme

« Il dit encore : "Un homme avait deux fils. Le plus jeune dit à son père : Père, donne-moi la part de bien qui doit me revenir. Et le père leur partagea son avoir. Peu de jours après, le plus jeune fils, ayant tout réalisé, partit pour un pays lointain et il y dilapida son bien dans une vie de désordre. Quand il eut tout dépensé, une grande famine survint dans ce pays, et il commença à se trouver dans l'indigence. Il alla se mettre au service d'un des citoyens de ce pays qui l'envoya dans ses champs garder les porcs. Il aurait bien voulu se remplir le ventre des gousses que mangeaient les porcs, mais personne ne lui en donnait. Rentrant alors en lui-même, il se dit : Combien d'ouvriers de mon père ont du pain de reste, tandis que moi, ici, je meurs de faim ! Je vais aller vers mon père et je lui dirai : Père, j'ai péché envers le ciel et contre toi. Je ne mérite plus d'être appelé ton fils. Traite-moi comme un de tes ouvriers. Il alla vers

son père. Comme il était encore loin, son père l'aperçut et fut pris de pitié : il courut se jeter à son cou et le couvrit de baisers. Le fils lui dit : Père, j'ai péché envers le ciel et contre toi. Je ne mérite plus d'être appelé ton fils... Mais le père dit à ses serviteurs : Vite, apportez la plus belle robe, et habillez-le ; mettez-lui un anneau au doigt, des sandales aux pieds. Amenez le veau gras, tuez-le, mangeons et festoyons, car mon fils que voici était mort et il est revenu à la vie, il était perdu et il est retrouvé." Et ils se mirent à festoyer »

(Lu 15.11-24).

L'égoïsme est la racine de divers maux dans la vie des gens. Il y a quelques années, les médias ont rapporté le suicide d'un homme, nouvellement marié. Il avait travaillé sur un site en construction au Moyen Orient. Chaque mois, il faisait parvenir tout son salaire à sa femme pour qu'elle le dépose sur un compte épargne. Mais, sa femme avait dépensé tout l'argent en compagnie de son amant, avec qui elle avait fui. A son retour, le jeune époux ne trouva plus rien sur son compte en banque, lui qui avait travaillé durement sous le soleil brûlant du Moyen Orient. De plus, sa femme avait vendu tous leurs biens y compris la maison. Elle était partie sans lui laisser un sou. Désespéré, il se donna la mort.

Sur la même page du journal, on pouvait lire le récit d'un meurtre commis par un homme qui était allé rendre visite à son ancienne propriétaire pour lui demander un emprunt. La propriétaire le reçut gentiment, lui offrant une tassé de café. Mais l'homme en question voulait lui voler une somme d'argent considérable. La conversation tourna au vinaigre, à tel point que l'homme tua son ancienne propriétaire et sa petite fille qui avait assisté à toute la scène. Combien les conséquences de l'égoïsme sont épouvantables chez les gens ! Ces tragédies sont fréquentes à cause de l'égoïsme du cœur humain. Cela est prophétisé dans 2 Tim 3.1-5 « Sache bien ceci : dans les derniers jours surviendront des temps difficiles. Les hommes, en effet, seront égoïstes, âpres au gain, fanfarons, orgueilleux, blasphémateurs, rebelles à leurs parents, ingrats, sacrilèges, sans cœur, implacables, médisants, sans discipline, cruels, ennemis du bien, traîtres, emportés, aveuglés par l'orgueil, amis des plaisirs plutôt qu'amis de Dieu ; ils garderont les apparences de la piété, mais en auront renié la puissance. Détourne-toi aussi de ces gens-là ! ».

1. Le fils égoïste

« Donne-moi la part de bien qui doit me revenir ».

Un homme avait deux fils. Le plus jeune alla vers son père et dit avec instance : « Père, donne-moi la part de bien qui doit me revenir ». Ce père, un homme admirable, avait l'intention de donner sa part à ce fils à un âge plus avancé.

Le fils avide prit sa part sans considérer les projets du père, ni son statut de fils cadet.

« Donne-moi ».

« Donne-moi la part de bien qui doit me revenir ». C'était la seule chose qui le préoccupait. L'égoïste ne se préoccupe que de ses propres désirs, ne faisant aucun cas des besoins des autres. Le chrétien doit toujours s'interroger en se posant ces questions : « Suis-je égocentrique ? » « Suis-je égoïste ? ».

Dans votre vie de couple, maris, ne demandez-vous pas toujours à vos épouses en vous plaignant « pourquoi ne me donnes tu pas plus d'amour et plus d'attention ? Pourquoi ne me témoignes-tu pas davantage de gentillesse ? ». Si vous êtes de ceux qui vivent ainsi et qui, tout le temps, réclament de plus en plus d'attention, vous êtes des maris égoïstes.

Et vous, femmes sollicitez-vous tout le temps l'attention de vos maris ? En vous plaignant : « D'habitude tu me témoignes plus d'amour que tu ne le fais maintenant ! Pourquoi ne passes tu pas davantage de temps avec moi ? ». Femmes, si c'est ainsi que vous vivez, vous êtes également des égoïstes. Il en est de même des parents qui élèvent leurs enfants selon leurs propres désirs. Sous prétexte d'assurer leur avenir, ils les obligent à aller dans le sens de leurs choix. Ce sont des parents cupides et égoïstes. Les enfants, qui ne font aucun cas des besoins de leurs parents, mais qui continuent à prendre soin d'eux-mêmes, sont également des égoïstes.

De nos jours, il serait difficile de compter le nombre de parents qui souffrent de l'égoïsme extrême de leurs enfants. C'est à cause de l'égoïsme et de la cupidité prééminente des gens que cette société souffre et se détériore. La plus part des épreuves rencontrées dans la vie sont causées par l'égoïsme de quelqu'un.

2. Un pays lointain

L'Écriture parle du fils égoïste qui a reçu de son père son bien prématurément et qui est parti pour un pays lointain. Une personne égoïste poursuit toujours ce qu'elle veut sans tenir compte de la façon de l'obtenir. Lorsqu'elle a fini d'exploiter une personne, elle s'en débarrasse ou rompt toute relation avec elle, comme quelqu'un qui jette une vieille paire de chaussures complètement usées et s'en va ensuite à la recherche d'une autre proie.

Actuellement, des multitudes de maris et femmes se quittent lorsqu'ils constatent que leur partenaire n'ont plus rien à leur offrir. Ils n'ont pas développé une vraie relation réciproque. Ils ont de la considération l'un envers l'autre, pour autant qu'ils en voient l'utilité et qu'ils ont des choses à partager.

Récemment, nous avons entendu l'histoire d'un apprenti juriste qui ne s'est pas rendu à son mariage. Sa fiancée avait durement travaillé pour financer tout son cursus universitaire pour que, lui, puisse se consacrer totalement à ses études de droit et réussir l'examen le plus difficile du barreau. C'était juste un modeste étudiant en droit. Pourtant, une fois ses études terminées avec succès, après avoir profité de sa partenaire, il tomba amoureux d'une autre fille, issue d'une famille aisée et puissante. Il l'épousa. On peut se demander quel genre de justice sociale on peut attendre d'une personne aussi égoïste, s'il est devenu avocat ou procureur, ? Je ne connais pas le fin mot de cette histoire, mais je crois que les autorités qui se sont occupées de son dossier ont dû lui infliger la punition la plus sévère. A cause de ce genre d'égoïsme présent dans le cœur des gens, la tristesse et l'amertume abondent toujours.

Privé de l'amour de Jésus, le cœur reste amer et souffre lorsqu'il a été la victime d'une telle expérience.

Lorsque les hommes reçoivent Jésus et qu'Il devient le Seigneur de leur vie, l'égoïsme ne domine plus leur cœur. C'est alors, qu'ils aiment vraiment les autres et que le royaume des cieux est au-dedans d'eux.

Lorsqu'une personne reçoit Jésus-Christ comme son Sauveur et Seigneur et qu'elle se débarrasse de son égoïsme c'est alors qu'elle connaît le vrai bonheur. Dans une maison où chaque membre de la famille aime de l'amour de Christ, où les maris aiment leur femme, les femmes aiment leur mari, les enfants aiment leurs parents, les parents aiment leurs enfants, une telle maison deviendra un foyer heureux. L'homme ne peut pas vivre seul. S'il vit dans le seul but de satisfaire ses désirs égoïstes, il ne sera pas heureux et il rendra également son entourage malheureux. Ainsi, dans cette parabole du fils prodigue, notre Seigneur Jésus s'occupe du problème de l'égoïsme.

3. Le chemin de l'égoïsme et la recherche du plaisir conduisent à la destruction

Après que le fils ait reçu la fortune que représentait son héritage, a-t-il vécu une vie constructive et créative dans ce pays lointain ? Nullement. Il dilapida son bien dans une vie de débauche.

L'égoïste emprunte toujours le chemin descendant du plaisir qui conduit finalement à la destruction. L'égoïsme mène à l'esclavage des plaisirs. C'est la raison pour laquelle, des gens extrêmement égoïstes tombent dans l'abus d'alcool, se droguent, s'adonnent aux jeux de hasard ou se livrent à des perversions sexuelles. Un égoïste est indifférent au mal qu'il inflige à ses bien-aimés. Il ne cherche que son plaisir. Les égoïstes sont la lie de l'humanité et la pollution de la terre.

Il y a quelques années, un déserteur de l'armée a tiré sur son oncle parce que celui-ci ne lui avait pas donné d'argent de poche. Après avoir été appréhendé par la police, il se donna la mort. Un tel exemple montre très bien la tragédie de l'égoïsme. Oui, l'égoïsme conduit à une vie de plaisir. Mais le désespoir et la destruction guettent celui qui est esclave du plaisir.

L'égoïsme conduit une personne à tout gaspiller dans sa maison, dans la société ou la nation jusqu'à ce qu'il ne reste rien.

Nous devons apprendre à bien vivre ensemble avant d'entrer dans le royaume des cieux. Nous devons éradiquer la pensée selon laquelle moi seul je dois bien manger, moi seul je dois bien vivre, moi seul je dois avoir du bon temps.

Dans sa prière, Jésus dit : « Notre père… » et non pas « mon père ». La maison, les voisins, l'église et la société sont un bien commun. Nous devons donc partager nos fardeaux et nous aimer les uns les autres comme Dieu le veut.

4. Le fruit de l'égoïsme

Lorsque le fils prit la fortune que son père avait gagnée par sa sueur et son sang, il alla dans un pays lointain, où il dilapida tout. Tant que son argent durait il était entouré de bons amis et de femmes. Il vivait temporairement comme un héros. Mais ses ressources n'étaient pas illimitées. Du jour au lendemain, il a perdu sa santé, son temps et son argent. Rapidement, l'argent emprunta le sentier de la destruction. La conséquence ultime de la rébellion est la destruction.

Une grande famine survint dans le pays

La Bible dit : « … une grande famine survint dans ce pays, et il commença à se trouver dans l'indigence ».

Dieu juge les familles, les nations, non l'égoïsme. Les Écritures confirment que la famine est la conséquence du jugement de Dieu.

Non seulement le fils avait gaspillé tous ses biens,

mais le pays fut ravagé par une grande famine. Ces amis, hommes et femmes, qui l'avaient considéré auparavant comme un héros, disparurent subitement. Il connut le désespoir. C'est l'image finale de la vie vécue dans l'égoïsme. La Bible dit qu'une famine survint dans le pays. En définitive, la famine atteint aussi l'égoïste. Dieu envoie la famine à un monde égoïste, une famine spirituelle, une famine mentale ou une famine physique.

Si vous souffrez d'une famine qu'elle soit spirituelle ou mentale ou physique, sachez que votre vie égoïste en est la cause. Repentez-vous devant Dieu maintenant ! L'égoïsme appauvrit une personne ainsi que son entourage.

La famine est le jugement de Deiu

L'égoïsme rend une personne pauvre ainsi que ses voisins. Regardez Jonas. Dieu lui ordonna de prêcher la repentance à la nation ennemie de Ninive. Mais Jonas avait des pensées égoïstes. Il souhaitait que l'ennemi d'Israël soit détruit et non sauvé. Au lieu d'aller à Ninive, il s'enfuit donc dans une direction opposée. En conséquence, le bateau dans lequel il se trouvait fit face à un vent puissant mettant tout l'équipage et les passagers en danger. Tous, y compris la cargaison, allaient faire naufrage dans l'océan.

Aujourd'hui, dans plusieurs régions de la planète, Dieu juge et punit le monde par des famines.

De nos jours, les gens et plusieurs nations du monde renient Dieu et vivent selon des principes humanistes. Les conséquences sont la famine économique ainsi qu'une famine de paix, d'espérance et d'amour. Cela conduit au désespoir, à la haine et à la frustration, accompagnés de guerres et de batailles sans fin. Le résultat final de l'égoïsme de l'homme c'est la misère, suivie par la destruction.

Nous avons entendu des gens dire : « Nous n'avons pas besoin de Dieu. Nous pouvons construire notre propre utopie par le rationalisme humain, le raisonnement et la science. Nous pouvons nous débrouiller dans bien des domaines sans reconnaître Dieu ». Mais l'homme sans Dieu est immédiatement pris de vertiges. L'homme n'est pas fait pour vivre seul. Il a été créé à la ressemblance, à l'image de Dieu pour vivre avec Lui. Si l'homme perd le contact avec Dieu, il ne peut connaître le but de sa vie malgré la science moderne ou la civilisation.

Les gens, aujourd'hui vivent non pas dans le but de servir Dieu, mais au service des raisonnements humains et des fausses idées de liberté, poursuivant les convoitises des yeux et de la chair. En conséquence, le monde est plein de guerres, de rumeurs de guerre et ses habitants manquent chaque jour un peu plus d'assurance. Combien d'hommes sont morts pendant les deux guerres mondiales ? A cause de ses désirs égoïstes, Staline a tué un grand nombre de ses citoyens. Tout au long de l'histoire, d'innombrables tyrans ont tué des gens au nom de la construction sur la terre d'une utopie. En conséquence, le monde est devenu une rivière de sang.

Les égoïstes, vivant sans Dieu, apportent la famine économique et politique dans le monde entier. Pour redonner vie à ce monde, le problème d'égoïsme doit être reconnu et traité de manière à le vaincre.

Avez-vous faim ? Connaissez-vous la joie de posséder la vie et la paix dans votre cœur ? Connaissez-vous l'espérance et le bonheur ? Maris et femmes êtes-vous comme ce fils prodigue ? C'est surtout l'égoïsme qui conduit les gens à être superficiels. La Bible décrit la misère du fils égoïste ainsi : « Il alla se mettre au service d'un des citoyens de ce pays qui l'envoya dans ses champs garder les porcs. Il aurait bien voulu se remplir le ventre des gousses que mangeaient les porcs, mais personne ne lui en donnait. Rentrant alors en lui-même, il se dit : Combien d'ouvriers de mon père ont du pain de reste, tandis que moi, ici, je meurs de faim ! » (Lc 15.15-17).

La dignité humaine se dégrade au point de manger la même nourriture que celle allouée aux porcs. Ce fut la conséquence pour ce fils égoïste. Si vous ne vous repentez pas devant Dieu de votre vie capricieuse et égoïste et ne marchez pas dans le chemin de l'amour de Christ, votre vie sera une misérable faillite et vous pourrez vous retrouver un jour en train de vivre vous aussi comme un porc.

L'égoïsme primaire que l'on trouve chez l'homme c'est l'athéisme et l'incrédulité.

Nier la souveraineté du Dieu créateur, tout en jouissant de toute sa création, pour mener une vie selon sa propre convoitise est fondamentalement égoïste.

A moins que ces personnes ne se repentent de leurs péchés, du fait d'avoir renier Dieu, jamais la famine spirituelle, mentale et physique ne quittera leur vie. L'homme doit se repentir et venir à Dieu. Jésus a dit : « Convertissez-vous : le règne des cieux s'est approché (Mt 4.17) ». La repentance doit venir en premier ! Recevez Jésus-Christ comme votre Sauveur et Seigneur, aimez Dieu et après vous être repentis les bénédictions du Royaume des cieux vous seront accordées. Si nous ne voulons pas expérimenter la tragédie de l'égoïsme, nous devons donner. Le contraire de l'égoïsme c'est l'amour. Il ne dit pas « donne-moi ». Dieu nous a aimés premièrement au point de donner par amour pour nous son fils unique afin qu'il nous sauve. Pareillement, nous devons aussi donner. « Donnez et on vous donnera ; c'est une bonne mesure, tassée, secouée, débordante qu'on vous versera dans le pan de votre vêtement, car c'est la mesure dont vous vous servez qui servira aussi de mesure pour vous » (Lc 6.38).

Lorsque, nous nous repentons et nous détournons de l'égoïsme, nous recevons de l'amour pour Dieu, pour notre mari, notre femme, nos enfants, parents, et voisins comme jamais auparavant. Alors, la famine s'en ira et nous découvrirons au travers de nos vies les bénédictions de Dieu. À moins que nous ne nous repentions de notre égoïsme et que nous ne l'abandonnions, la famine dans nos âmes et dans nos circonstances ne nous quittera jamais. Quand nous sommes brisés devant la croix du Calvaire, que nous nous repentons de nos péchés, nous recevons le pardon de Jésus et la purification. Les bénédictions de Dieu seront répandues dans nos vies et nous pourrons aimer Dieu et notre prochain comme nous-mêmes. Pour connaître une vie exprimant l'amour chrétien pour tous les hommes, l'individu, ainsi que la nation ne peuvent qu'emprunter la voie de la repentance de l'égoïsme en venant à la croix du Calvaire.

5 Béatitudes I

« A la vue des foules, Jésus monta dans la montagne. Il s'assit, et ses disciples s'approchèrent de lui. Et, prenant la parole, il les enseignait : "Heureux les pauvres de cœur : le Royaume des cieux est à eux. Heureux les doux : ils auront la terre en partage. Heureux ceux qui pleurent : ils seront consolés. Heureux ceux qui ont faim et soif de la justice : ils seront rassasiés" »

(Mat 5.1-6).

Sur terre, tout être vivant sans exception recherche les bénédictions car il croit qu'il pourra être toujours heureux, si il peut seulement avoir les bénédictions.

Le mot « bénédiction » est très mal compris. Les gens croient que les bénédictions dépendent des circonstances de vies. Mais cela est faux. Des circonstances favorables ne sont pas la garantie de connaître la bénédiction. Nous pouvons être placés dans des circonstances semblables, c'est à dire favorables, mais si nous ne sommes pas préparés à être bénis par Dieu, les circonstances ne nous seront d'aucun secours.

Cette vérité est clairement soulignée dans toute l'histoire d'Israël. Avec les provisions que Dieu avait mis à sa disposition, le peuple d'Israël fut délivré de quatre cent trente ans d'esclavage en Égypte, sous la conduite de Moïse. En entrant dans la terre promise de Canaan – la terre où coulent le lait et miel – au lieu de se réjouir de ce que Dieu leur avait donné, ils l'ont trahi. Ils se sont détournés de Dieu pour adorer les idoles de Baal. En conséquence, ils ont été frappés par la malédiction et sont devenus captifs en Assyrie et à Babylone. Ils vécurent comme des esclaves en terre étrangère.

Jouir des bénédictions n'est possible que lorsqu'on a été préparé à les recevoir. Le Psaume 1 déclare : « Béni soit l'homme ». Il n'est pas dit : « Bénies soient les circonstances » ou « bénie est la nation ou une société ».

Les bénédictions viennent une fois que l'homme a été qualifié pour les recevoir. Cela est clairement dit dans la parole de Dieu : « Si tu écoutes vraiment la voix du SEIGNEUR ton Dieu en veillant à mettre en pratique tous ses commandements que je te donne aujourd'hui, alors le SEIGNEUR ton Dieu te rendra supérieur à toutes les nations du pays ; et voici toutes les bénédictions qui viendront sur toi et qui t'atteindront, puisque tu auras écouté la voix du SEIGNEUR ton Dieu : Béni seras-tu dans la ville, béni seras-tu dans les champs. Bénis seront le fruit de ton sein, de ton sol et de tes bêtes ainsi que tes vaches pleines et tes brebis mères. Bénis seront ton panier et ta huche. Béni seras-tu dans tes allées et venues » (De 28.1-6).

Comme le montre ce passage, ce n'est pas de nos « circonstances » que dépendent les bénédictions mais plutôt de notre « disposition ». Lorsque nous sommes qualifiés, les bénédictions apparaissent.

Quelles sont les dispositions nécessaires ?

Jésus a enseigné les ordonnances nécessaires afin de recevoir les bénédictions dans cette vie et dans l'au-delà.

1. Heureux les pauvres de cœur : le royaume des cieux est à eux

Celui qui est pauvre de cœur peut facilement ressentir son besoin de Dieu. C'est pendant ce moment que le cœur peut s'élever vers Dieu pour recevoir le royaume des cieux. Quand le royaume des cieux est à nous, justice, paix et joie couleront naturellement en nous et déborderont également sur les autres. Oui, lorsque le royaume des cieux est à nous, les forces des ténèbres s'enfuiront ; le pardon des péchés, la guérison des maladies, la délivrance de l'oppression du diable, la libération de la malédiction et la vie éternelle seront à nous.

L'on ne peut plus verser d'eau dans un verre déjà plein. De même, Dieu ne peut pas remplir nos cœurs de bénédictions célestes, s'ils sont remplis des choses du monde. Nos cœurs doivent être vides et nous devons ressentir notre besoin afin de recevoir les bénédictions célestes.

L'humanisme

De nos jours, le cœur des gens est rempli d'humanisme. Depuis la Renaissance, de l'âge des Lumières jusqu'aux jours modernes de la science et du matérialisme, l'homme s'est efforcé de bâtir une culture et un monde centré sur lui-même. En conséquence, il ne reconnaît plus Dieu, mais compte sur ses seuls efforts humains pour atteindre le but de sa vie.

Lorsque les gens s'efforcent de vivre uniquement à travers leurs propres capacités humaines, le royaume des cieux ne peut pas venir vers eux. L'homme est un être noble. S'il ne comprend pas cela, il est comme une bête qui court à sa perte (Os 4.14). Notre vie est comme une brume qui, présente sur le moment, s'évapore l'instant suivant. 1 Pierre 1.24 nous dit : « Car toute chair est comme l'herbe, et toute sa gloire comme la fleur de l'herbe : l'herbe sèche et sa fleur tombe ».

Seul, l'homme est une créature sans espérance. Sans Dieu, il expérimentera finalement le désespoir de la culpabilité et la condamnation, écrasé par un sentiment de futilité, craignant la mort et le vide éternel. Apocalypse 3.17 nous rappelle : « Parce que tu dis : je suis riche, je me suis enrichi, je n'ai besoin de rien, et que tu ne sais pas que tu es misérable, pitoyable, pauvre, aveugle et nu ».

Aujourd'hui, les adeptes de l'humanisme s'enorgueillissent en disant : « Nous sommes riches ! Je suis bien ! Vous êtes bien ! Regardez nos grandes prouesses : connaissance, science, matérialisme, culture, etc.... ». Cependant, il n'y a pas d'autre créature aussi nue, pauvre, misérable et aveugle que l'homme. L'homme a perdu la valeur et le but de la vie. Finalement, sa chair sera comme une mouche morte qui retourne à la poussière de la terre. Pour recevoir les bénédictions célestes nous devons nous détourner des conséquences futiles de l'humanisme. Nous devons reconnaître que seul, loin de Dieu, nous sommes réellement pauvres de cœur. C'est dans cette disposition que nous serons aptes à recevoir les bénédictions.

L'orgueil

En plus de l'humanisme, le cœur humain est rempli d'orgueil. L'orgueil est la satisfaction de soi, une estimation trop généreuse de sa propre valeur. L'enfant orgueilleux défie ses parents ; un citoyen orgueilleux se rebelle contre sa société et sa nation. Quand une personne devient hautaine, elle a une très haute opinion d'elle-même et commence à manquer d'égard envers l'autorité. Elle court toujours vers sa fin : la destruction de soi-même. Proverbes 16.18, nous dit sérieusement : « Avant la ruine, il y a l'orgueil ; avant le faux pas, l'arrogance ».

Satan, Lucifer, était ainsi (És 14.12-15). Parmi les anges que Dieu créa, Lucifer était le plus beau. Regardant à lui-même, Lucifer surestima sa propre beauté et son importance. Il pensa qu'il était égal à Dieu. Donc, il osa défier Dieu. Dieu l'expulsa du ciel. Depuis ce jour, Lucifer est à l'origine de tout mal.

L'orgueil, c'est le plus court chemin vers la destruction. Si l'on remplit son cœur avec les déchets de l'orgueil, on ne peut jamais recevoir les bénédictions célestes.

Les choses mondaines

L'humanisme et l'orgueil ne sont pas les seuls obstacles qui bloquent les bénédictions de Dieu. Les choses mondaines dans les cœurs empêchent également la manifestation du royaume des cieux. Ceux dont les vies sont remplies de fornication, de licence, de recherche de plaisir charnel, et qui sont assoiffés de tout ce qui tape à l'œil (c'est à dire le pouvoir et l'argent), ne peuvent recevoir les bénédictions célestes.

« Puisque tout ce qui est dans le monde la convoitise de la chair, la convoitise des yeux, et la confiance orgueilleuse dans les biens, ne provient pas du Père, mais provient du monde. Or le monde passe, lui et sa convoitise ; mais celui qui fait la volonté de Dieu demeure à jamais » (1 Jn 2.16-17).

Lorsque nous purifions nos cœurs et que nous nous détournons de l'humanisme, acceptant que notre orgueil soit brisé par Dieu, ôtant les choses mondaines des cœurs, et prenant conscience de notre pauvreté de cœur, alors le royaume des cieux viendra sûrement sur nous. Matthieu 4.17 dit ceci : « Convertissez-vous : le règne des cieux s'est approché ». Par la repentance, nous vidons nos cœurs. Plus nous reconnaissons notre besoin de Dieu, plus le royaume des cieux sera profond en nous.

6 Béatitudes II

« Heureux les miséricordieux : il leur sera fait miséricorde. Heureux les cœurs purs : ils verront Dieu. Heureux ceux qui font œuvre de paix : ils seront appelés fils de Dieu. Heureux ceux qui sont persécutés pour la justice : le Royaume des cieux est à eux. Heureux êtes-vous lorsque l'on vous insulte, que l'on vous persécute et que l'on dit faussement contre vous toute sorte de mal à cause de moi. Soyez dans la joie et l'allégresse, car votre récompense est grande dans les cieux ; c'est ainsi en effet qu'on a persécuté les prophètes qui vous ont précédés »

(Mt 5.7-12).

Lorsque des « bénédictions circonstancielles » se produisent dans la vie d'une personne qui n'est pas encore qualifiée pour les conserver et en profiter, ces mêmes bénédictions peuvent être la cause de sa ruine.

Mais quand une personne est qualifiée, elle sera prête à accueillir plusieurs sortes de bénédictions quelles que soient les situations dans lesquelles elle se trouve. Tout ce qui lui arrive sera accueilli comme des bénédictions (De 28.1-6).

J'ai partagé dans le chapitre précèdent quatre états de cœur nécessaires pour être qualifié à recevoir des bénédictions. Il en existe quatre supplémentaires nécessaires pour être qualifié à recevoir des bénédictions de notre Père Céleste.

1. Les miséricordieux

Chacun a sa propre norme de vie qui règle la loi de son cœur, son comportement, son style de vie. Consciemment ou pas, c'est par cette norme qu'il concevra toutes les affaires de sa vie. Les gens sont très généreux en s'évaluant eux-mêmes, mais quand il s'agit d'évaluer les actes des autres, ils peuvent souvent se montrer très critiques et dépourvus de compassion. Jésus parla de cela « Qu'as-tu à regarder la paille qui est dans l'œil de ton frère ? Et la poutre qui est dans ton œil, tu ne la remarques pas ? » (Mt 7.3).

Quand les gens évaluent les autres selon leurs propres critères, leur diagnostic est souvent faux et ils sont très durs envers autrui. Dans certains foyers un ou plusieurs membres de la famille peuvent facilement connaître le découragement. Alors le foyer se disperse à cause de jugements sévères. Parfois le sens moral et éthique des autres est piétiné impitoyablement et d'autres personnes sont blessées.

Pour que nous soyons des gens bénis, il nous faut être miséricordieux dans toutes nos relations avec les autres, même si ceux-ci ont fait du mal. En tant que chrétiens il nous faut les considérer avec des sentiments miséricordieux, comme des parents le sont envers leurs enfants. La relation entre parents et enfants fournit un bon exemple. Si des enfants deviennent capricieux, il est naturel que les parents se fâchent et leur impose une discipline stricte. Pourtant, ils n'ont aucun désir de détruire leurs enfants. Moi-même j'ai trois fils et il m'est arrivé de les punir. Toutefois, quand j'ai dû les discipliner, cela m'a toujours beaucoup peiné. Dans le monde où nous vivons il n'existe pas de parents qui prennent plaisir à punir leurs enfants à cause de leurs erreurs.

L'exemple par excellence d'une attitude miséricordieuse est celle que Dieu témoigne à ses enfants. Si les enfants de Dieu devaient recevoir le châtiment qu'ils méritent pour leurs péchés selon les normes de la justice divine, il n'y aurait plus aujourd'hui aucune personne vivante sur la terre. Mais quand Dieu nous regarde, il s'occupe de nous et nous discipline comme le font des parents avec leurs enfants, c'est à dire avec amour. Parce que son amour est inébranlable, sa discipline est équilibrée par la miséricorde, et il désire que nous soyons aussi miséricordieux entre nous : car si nous témoignons de la miséricorde, nous aussi nous recevrons la miséricorde.

Nous sommes redevables à Dieu pour sa miséricorde

Quand nous sommes venus à Jésus la première fois pour recevoir le salut, nous étions sans justice personnelle pouvant nous permettre d'obtenir les bénédictions de Dieu. Nous avions péché. Nous étions injustes, impurs devant Lui, méritant d'être abandonnés. Pourtant Dieu regardait au-delà de nos péchés et il a vu ce que nous pouvions devenir en Jésus-Christ. Pour sauver de misérables pécheurs comme nous, Dieu envoya Jésus sur la terre pour nous racheter, nous ramener dans une juste communion avec Lui et nous purifier. Cela prouve la miséricorde de Dieu. Jésus alla volontairement à la croix en portant nos péchés et notre injustice. Il versa son sang pour nos péchés, à notre place. C'est ainsi qu'il expia nos péchés. Nous sommes pardonnés, nés de nouveau, transformés, et nous avons reçu la justice de Dieu ! Maintenant, nous sommes capables de nous tenir devant Dieu. Nous sommes qualifiés pour recevoir ses bénédictions et marcher devant Lui dans la justice grâce à sa miséricorde et son amour. Mais à qui devons-nous témoigner de la miséricorde ?

Il nous faut manifester de la miséricorde à notre époux, notre épouse, nos enfants, nos parents, ainsi que nos amis et voisins, une miséricorde comparable à celle que nous avons reçue de Dieu. Peut-être ne serons-nous pas d'accord avec des décisions qu'ils ont prises, mais nous pouvons tempérer nos préoccupations avec miséricorde. Pourquoi cela ? Parce qu'au travers de notre attitude miséricordieuse, ils discernent la miséricorde que Dieu leur tend.

Nous sommes individuellement devant Dieu, différents les uns des autres d'une manière unique. On ne nous a pas demandés de juger ou de mesurer les autres selon nos normes chrétiennes de vie – aimons les tout simplement et témoignons leur de la miséricorde. L'exemple que les croyants arborent sera un rayon de lumière pour conduire les autres à Jésus-Christ avec leurs problèmes « Heureux les miséricordieux : il leur sera fait miséricorde ».

3. Les cœurs purs

Aussi épais que puissent être les nuages couvrant le ciel, toujours est-il que le soleil brille par-dessus. Le fait que les nuages ne se déplacent pas ne change rien. Ils ne sont pas à l'origine de l'éclat du soleil. Le soleil a toujours été là, bien au-delà des nuages, et cela indépendamment du nombre de jours que persisteront les nuages avant de se déplacer.

Avant son assassinat dans une chambre à gaz, un juif inscrivit ces paroles sur le mur d'un camp Nazi où il avait été incarcéré : « Mon Dieu est là, comme le soleil est encore là au-dessus des nuages épais et lui ne changera jamais, même si je marche sous de lourds nuages de souffrances insupportables et d'agonie ».

Ce ne sont pas nos circonstances qui causent nos problèmes mais la manière dont nous les appréhendons

Aussi critiques et douloureuses que soient nos circonstances, Dieu ne change pas. Souvent la raison a du mal à percevoir ce que Dieu fait dans ces moments-là du fait que le cœur est enténébré. Il est comme un aveugle ne pouvant voir.

La foi se fonde sur la révélation et non sur des preuves

Le contenu de la foi chrétienne n'est pas un objet de science et dc philosophie car la connaissance humaine ne peut en aucun cas prouver l'existence de Dieu. Dieu n'a ni commencement ni fin. Il était avant la création de toute chose. Il ne change pas et cela pour l'éternité. Il serait insensé pour l'homme d'essayer de juger Dieu par sa science et sa connaissance. L'homme peut connaître Dieu et s'approcher de lui respectueusement, uniquement par une révélation divine. Quand le cœur est esclave de l'avidité et de l'orgueil, l'homme est incapable de voir Dieu. Mais lorsqu'il se repent de ses péchés et s'humilie, le Saint-Esprit de Dieu l'éclaire. C'est à ce moment là que la possibilité de voir Dieu et de le connaître intimement est envisageable par la foi. Par contre, lorsque le cœur est environné de nuages du fait du péché, de la cupidité, et de l'orgueil, il ne peut connaître Dieu.

L'Évangile de Jésus ne peut être reçu au travers d'arguments philosophiques. Dieu n'est pas suffisamment petit pour que l'homme soit en mesure de le prouver ou de le juger par des discours soignés. Observez les enfants. Ils n'ont pas besoin d'évidences logiques pour prouver que Dieu est. Ils croient simplement qu'il est. Lorsqu'on leur demande de prier, ils obéissent. Ils ne sont pas confus, cherchant à établir si Dieu existe ou pas. C'est pourquoi Jésus dit : « «En vérité, je vous le déclare, si vous ne changez et ne devenez comme les enfants, non, vous n'entrerez pas dans le Royaume des cieux» » (Mt 18.3). Pour Jésus, ces paroles signifient qu'à moins d'avoir une foi simple comme l'ont les enfants, on ne peut jamais voir le royaume des cieux. Cependant, en grandissant ces enfants font les frais de la sagesse supposée des adultes. C'est alors que beaucoup d'entre eux manifestent de l'orgueil et de l'autosuffisance, tout en déclarant qu'il n'y a pas de Dieu puisqu'il n'est ni visible ni palpable. En fait, pendant qu'il est jeune, le cœur de l'enfant est encore pur et ouvert devant Dieu. C'est dans leur jeune âge que les enfants peuvent apprendre à connaître et avoir une vraie expérience avec Dieu et son fils Jésus.

Il y a quelques années lors de ma croisade à Paris, un professeur vint me partager son merveilleux témoignage. Il avait été un athée et ne pouvait pas croire en l'existence de Dieu. Un jour, un gitan le visita et lui rendit témoignage au sujet de Jésus-Christ. Le gitan n'était pas un homme instruit. Il vivait tous les jours difficilement, mais son témoignage plein d'assurance rayonnait, au point que le professeur ne pût l'oublier. Comme il parlait, le professeur demanda :

« Où est Dieu ?

- Comment Jésus peut-il être le fils de Dieu ?

- Je ne peux vous le prouver, monsieur, lui répondit le gitan. Mais il y a une chose que je sais. Si vous vous repentez de vos péchés et recevez Jésus-Christ, puis si vous passez par les eaux du baptême et recevez le baptême du Saint-Esprit, vous croirez dans l'existence de Dieu.

- Mais, comment puis-je me repentir vis à vis de Dieu pour mes péchés, alors que je ne crois pas qu'il existe ?

- Je ne sais quoi répondre dans ce cas, lui répondit le gitan, mais, si vous vous repentez de vos péchés et recevez Jésus, vous serez capable de croire. Essayez ! ».

Après le départ du gitan le professeur, troublé pour un bon moment, décida d'entreprendre sa recherche. À genoux, il parla à Dieu.

« Dieu, je ne sais pas si vraiment tu existes ou non, mais je veux me repentir de mes péchés de toute façon ».

Et faisant de son mieux, il commença à énumérer un par un ses péchés, tout en demandant à Dieu de lui pardonner.

« Jésus, si tu es vraiment le Sauveur et le Seigneur, s'il te plaît viens maintenant..., viens dans mon cœur ».

Comme il ouvrait sincèrement son cœur à Dieu, il commença à réaliser combien il avait besoin d'un Sauveur et combien il avait besoin que ses péchés soient pardonnés. Sa prière de repentance se transforma en profonde lamentation. Tout en pleurant, il frappait le plancher avec ferveur dans l'espoir que sa prière soit entendue. Bientôt, il réalisa que son fardeau l'avait quitté et que la présence de Jésus était là dans la pièce. Il n'avait jamais auparavant connu une telle expérience. Donc persévérant dans la prière, il fut rempli du Saint-Esprit avec le signe évident du parler en une autre langue. Il vécut tout cela le même jour. C'est alors qu'il crût réellement le témoignage du pauvre gitan qui lui avait parlé de Jésus. Il crut réellement en l'existence de Dieu parce qu'il l'avait rencontré.

Dieu, ne se révèle pas aux gens en leur livrant d'excellent faits sur la logique humaine. Il se révèle à ceux qui le recherchent réellement de tout leur cœur. « Vous me rechercherez et vous me trouverez : vous me chercherez du fond de vous-mêmes » (Je 29.13). Jésus dit : « Heureux les cœurs purs : ils verront Dieu ». La purification doit venir en premier lieu. C'est alors que nous verrons Dieu, et que nous comprendrons sa Parole lors de nos lectures. Jésus dit : « Convertissez-vous : car le royaume des cieux est proche ». Il ne dit pas : « Soyez éclairés : car le royaume des cieux est proche ». Il n'a pas dit non plus : « Étudiez et apprenez : car le royaume des cieux est proche ». Mais, notre Seigneur déclara clairement, « Convertissez-vous : car le royaume des cieux est proche ».

Ne dites pas que le haut niveau d'instruction et d'intelligence de l'homme est un empêchement pour croire en Dieu. Le grand savant Pascal croyait en Dieu avec une profonde ferveur. C'est l'orgueil de l'homme et son avidité qui l'aveuglent dans sa compréhension spirituelle, rendant impossible le désir de se repentir et de connaître Dieu.

Qui peut prouver l'existence du soleil ou de la lune au-dessus du nuage épais ? La logique super intelligente peut-elle convaincre quiconque ?

De même, lorsqu'une personne se repent de ses péchés et est pardonné, le poids de son péché est enlevé, avec l'orgueil et la cupidité. C'est alors que le cœur peut voir Dieu et croire en lui.

Vouloir argumenter scientifiquement ou intellectuellement en témoignant de Jésus à des incroyants, serait une pure folie. Lorsque nous parlons de Jésus, le Saint-Esprit lui-même toujours présent à nos côtés fait son œuvre invisible dans le cœur des personnes. Alors il vient les convaincre de péché, de justice, et du jugement qui vient. Ceux qui prêtent attention à Son action dans leur cœur en écoutant un témoignage sur Jésus et qui se repentent de leurs péchés, en recevant Jésus comme Seigneur et Sauveur, feront l'expérience du salut de Dieu qui ne peut être prouvé par la raison de l'homme. Lorsque le cœur sera rendu pur et sans tâche, les gens verront Dieu.

3. Heureux ceux qui font œuvre de paix : ils seront appelés fils de Dieu

Satan sème la discorde entre Dieu et l'homme, et entre l'homme et Dieu

C'est Satan qui est l'instigateur de la discorde entre Dieu et l'homme, il la favorise constamment. Dans le jardin d'Eden où il n'existait ni blessure, ni destruction lors de sa création, Satan s'infiltra et amena la mésentente entre Dieu et l'homme. Il provoqua la chute d'Adam et Ève. En conséquence, Adam et Ève furent expulsés de ce beau jardin. Alors le meurtre prit place quand Caïn tua son frère Abel. La Bible dit que Caïn était mauvais (1 Jn 3.12). Satan continue encore à causer des conflits et des discordes partout où il le peut. Jésus faisait constamment face à son œuvre. Ainsi, avant son ascension, il commanda à ses disciples, « en mon nom, ils chasseront les démons » (Mc 16.17). De nos jours, la parole de Dieu nous rappelle toujours que, nous aussi, nous pouvons chasser les démons au nom de Jésus.

Jésus est le fils de Dieu, artisan de paix

Jésus, l'unique Fils de Dieu vint sur terre pour devenir le sacrifice de paix pour tout un chacun. Il a porté en son corps tout le péché, la rébellion, la traîtrise de l'homme, qui s'était élevé contre Dieu. Par son corps brisé et son sang versé, Jésus a enlevé la dette du péché de l'homme, inscrivant sur la colonne débitrice : « totalement acquittée ». Il a fait la paix entre Dieu et l'homme une fois pour toutes. Le pardon de Dieu envers l'homme ouvre également la route pour le pardon entre les hommes. Puisque Dieu nous a beaucoup pardonné, nous devons nous pardonner les uns les autres.

Tout chrétien ayant reçu Jésus-Christ comme Seigneur et Sauveur se doit dorénavant d'être un artisan de paix parmi ses frères, comme Christ l'est devenu par sa mort sur la croix. Tout croyant doit tendre à être un artisan de paix : entre mari et femme, parents et enfants, et avec le prochain. Les artisans de paix sont fils de Dieu. Celui qui professe avoir foi en Jésus-Christ, mais qui se trouve constamment à la base de conflits et de divisions, ne peut être un enfant de Dieu. En effet, tout enfant de Dieu, en toute occasion, procure la paix partout où il va.

Ceux qui ont l'esprit de Christ doivent apporter la paix

Le Saint-Esprit est aussi un artisan de paix. Puisqu'il demeure dans les croyants, il les conduit et les guide les rendant capables de porter le fruit de justice. Quotidiennement, il guide, il œuvre dans le cœur des croyants afin d'y mettre la paix et cela à n'importe quel prix, même au prix du sacrifice de soi. Dieu le reconnaît comme artisan de paix. Jésus dit : « Heureux ceux qui font œuvre de paix : ils seront appelés fils de Dieu ». Ces personnes seront connues par tous les hommes comme étant les chers enfants de Dieu, puisqu'ils ont permis au Saint-Esprit de les aider à être des artisans de paix.

4. Heureux ceux qui sont persécutés pour la justice : le royaume des cieux est à eux

La réalité des deux mondes spirituels et leurs conflits

Les croyants justes dont la vie est centrée sur Dieu souffriront de la persécution. Car il y a deux mondes spirituels en conflit l'un contre l'autre. 2 Corinthiens 6.14-18 le décrit : « Ne formez pas d'attelage disparate avec les incrédules ; quelle association peut-il y avoir entre la justice et l'impiété ? Quelle union entre la lumière et les ténèbres ? Quel accord entre Christ et Bélial ? Quelle relation entre le croyant et l'incrédule ? Qu'y a-t-il de commun entre le temple de Dieu et les idoles ? Car nous sommes, nous, le temple du Dieu vivant comme Dieu l'a dit : Au milieu d'eux, j'habiterai et je marcherai, je serai leur Dieu, et ils seront mon peuple. Sortez donc d'entre ces gens-là, et mettez-vous à l'écart, dit le Seigneur ; ne touchez à rien d'impur. Et moi je vous accueillerai. Je serai pour vous un père, et vous serez pour moi des fils et des filles, dit le Seigneur tout-puissant ».

Les gens du monde persécutent les chrétiens parce que les chrétiens possèdent le royaume des cieux

La Bible déclare clairement que les croyants et les non-croyants ne peuvent jamais être en accord. Cela signifie t-il qu'ils ne peuvent vivre ensemble sur cette terre ? Non ! pas du tout. Les croyants partagent pareillement les mêmes besoins que leurs contemporains : ils mangent, ils boivent et vivent au milieu des incroyants, pourtant ils n'épousent pas leurs habitudes et leurs manières de vivre. Bien que vivant au milieu d'eux, ils ne sont pas des leurs. S'il arrive que de l'huile et de l'eau soient placées dans un même récipient, même en les secouant elles ne peuvent être mélangées. Elles sont toujours séparées. Comme l'huile et l'eau peuvent être dans un même récipient sans jamais pour autant être mélangées, de même les croyants et les incroyants sont dans le monde. Toutefois, leurs vies sont différentes car d'un côté le Saint-Esprit qui habite les croyants révèle la vie de Christ dans tous les aspects de leur vie, tandis que l'esprit de désobéissance habitant les incroyants révèle la vie de Satan dans tous les domaines de leur vie. A leur mort, les croyants iront au ciel, conduits par le Saint-Esprit, tandis que les incroyants iront finalement affronter le jugement, puis l'enfer éternel.

Parce qu'il n'y a pas de communion entre la lumière et les ténèbres, entre croyants et non-croyants il ne peut y avoir une communion de cœur durable. C'est pourquoi les gens du monde persécutent souvent les chrétiens.

Notre attitude envers la persécution

La parole de Dieu nous invite à nous réjouir grandement en face de la persécution car Dieu se souvient et récompense ses enfants lorsque la persécution les touche. La persécution ne passe pas inaperçue aux yeux de Dieu. En période de souffrance, Paul dit aux croyants : « rendez grâce en toute circonstance, car c'est la volonté de Dieu à votre égard dans le Christ Jésus » (1 Th 5.18). Jésus dit ses disciples : « Aimez vos ennemis et priez pour ceux qui vous persécutent » (Mt 5.44). Ainsi, les disciples de Jésus se réjouirent dans la persécution à cause de Christ (2 Co 12.10).

L'harmonie des bénédictions dans nos vies, les bénédictions éternelles, et les circonstances bénies sur terre, peuvent toutes être appelées de vraies bénédictions. Mais pour celui à qui les circonstances ont apporté richesse et suffisance, renommée, gloire et pouvoir dans le monde, s'il ne possède pas la foi, l'espérance, l'amour, la joie et la paix, tout ce qu'il possède ne lui apporte pas de vraies bénédictions.

Quelles que soient les possessions terrestres que le cœur puisse désirer, la parole de Dieu nous rappelle : « Cherchez d'abord le Royaume et la justice de Dieu, et tout cela vous sera donné par surcroît (Mt 6.33) ». De cette parole, nous voyons clairement que Dieu promet de donner des circonstances favorables à ceux qui cherchent premièrement son royaume. C'est de cette manière que Dieu voit les choses. Donc, nous devons chercher avant tout le royaume des cieux et lorsque nous le ferons, il exaucera notre prière avec, en plus, des circonstances favorables.

Récemment, lorsque j'étais à Hokkaido, au Japon pour prêcher l'Évangile lors d'une rencontre, quatre jeunes hommes interprétèrent un chant avant mon intervention. L'un des jeunes hommes avait souffert pendant plusieurs années d'une maladie mentale sérieuse. Il chercha véritablement Dieu de tout son cœur, il fût guéri et ses circonstances changèrent. Sa merveilleuse prestation, émanant d'un cœur rempli de louange et de reconnaissance, toucha plusieurs vies lors de cette soirée.

Comme nous l'avons vu dans ce message des béatitudes tiré de l'Écriture, Dieu désire que tout son peuple soit réellement béni.

7 Les dix commandements

« Tu n'auras pas d'autres dieux face à moi. Tu ne te feras pas d'idole, ni rien qui ait la forme de ce qui se trouve au ciel là-haut, sur terre ici-bas ou dans les eaux sous la terre. Tu ne te prosterneras pas devant ces dieux et tu ne les serviras pas, car c'est moi le SEIGNEUR, ton Dieu, un Dieu jaloux, poursuivant la faute des pères chez les fils sur trois et quatre générations s'ils me haïssent- mais prouvant sa fidélité à des milliers de générations si elles m'aiment et gardent mes commandements. Tu ne prononceras pas à tort le nom du SEIGNEUR, ton Dieu, car le SEIGNEUR n'acquitte pas celui qui prononce son nom à tort. Que du jour du sabbat on fasse un mémorial en le tenant pour sacré. Tu travailleras six jours, faisant tout ton ouvrage, mais le septième jour, c'est le sabbat du SEIGNEUR, ton Dieu. Tu ne feras aucun ouvrage, ni toi, ni ton fils, ni ta fille, pas plus que ton serviteur, ta servante, tes bêtes ou l'émigré

> *que tu as dans tes villes. Car en six jours, le SEIGNEUR a fait le ciel et la terre, la mer et tout ce qu'ils contiennent, mais il s'est reposé le septième jour. C'est pourquoi le SEIGNEUR a béni le jour du sabbat et l'a consacré. Honore ton père et ta mère, afin que tes jours se prolongent sur la terre que te donne le SEIGNEUR, ton Dieu. Tu ne commettras pas de meurtre. Tu ne commettras pas d'adultère. Tu ne commettras pas de rapt. Tu ne témoigneras pas faussement contre ton prochain. Tu n'auras pas de visées sur la maison de ton prochain. Tu n'auras de visées ni sur la femme de ton prochain, ni sur son serviteur, sa servante, son bœuf ou son âne, ni sur rien qui appartienne à ton prochain »*
>
> ***(Ex 20.3-17).***

Dieu a disposé des lois naturelles invariables. Prenons un exemple. Un homme qui se jette d'une haute falaise sans égard à la loi de gravitation trouvera la mort. Toutes les nations ont leurs lois et leurs réglementations. Lorsqu'elles sont enfreintes, il s'en suit des sanctions. Toute personne qui aspire à une vie heureuse et stable et qui veut contribuer à la vie sociale doit respecter les lois de son pays.

Dieu est le créateur et le gouverneur de l'univers tout entier. Il a donné de nombreuses lois pour que l'homme les observe. Les dix commandements sont les lois que Dieu donna pour le bien de l'homme. Il les simplifia autant que possible, afin d'en faciliter l'observation et l'application.

Après avoir utilisé Moïse pour délivrer le peuple d'Israël, Dieu l'invita à passer quarante jours et quarante nuits avec lui sur le Mont Horeb. C'est là qu'il lui donna les tables de la loi par lesquelles Israël devait vivre sa relation avec Lui. Ces lois sont aussi valables pour les croyants du Nouveau Testament. Pourtant personne, jusqu'à présent, n'a été capable de mettre parfaitement en pratique ces commandements. La parole de Dieu dit : « tous ont péché, sont privés de la gloire de Dieu » (Ro 3.23). « Comme il est écrit : Il n'y a pas de juste, pas même un seul » (Ro 3.10).

Tout homme est né pécheur. Tous sont morts dans leurs péchés. Depuis Adam, la mort spirituelle est devenue le salaire du péché pour tout homme et cela malgré le plan de Dieu pour le salut de l'humanité. Il envoya son fils unique Jésus, né de la vierge Marie. Jésus vécut sur cette terre, observant et obéissant parfaitement à tous les commandements. Il est le seul juste, qualifié devant Dieu pour porter nos péchés, passés, présents et futurs, et cela grâce à son sang répandu comme expiation pour tous les péchés. A présent, quiconque croit en lui comme rédempteur ne périra pas mais recevra la vie éternelle de Jésus.

« Voilà pourquoi personne ne sera justifié devant lui par les œuvres de la loi ; la loi, en effet, ne donne que la connaissance du péché. Mais maintenant, indépendamment de la loi, la justice de Dieu a été manifestée ; la loi et les prophètes lui rendent témoignage. C'est la justice de Dieu par la foi en Jésus-Christ pour tous ceux qui croient, car il n'y a pas de différence » (Ro 3.20-22).

Le salut est reçu par la foi en Jésus et non par les bonnes œuvres. Sauvés par la foi en Jésus-Christ, nous devons continuellement référer nos vies à ce que nous renvoie le miroir des commandements de Dieu. Nous devons imiter Jésus-Christ et nous laisser conduire par le Saint-Esprit. Dieu nous a sauvés. Il prend soin de nous et veille sur nous tous les jours. Étant chrétiens, nés de nouveau, nous sommes sous sa garde. Sans cela, le christianisme deviendrait une religion dépourvue de la direction d'un père aimant. Il laisserait les siens errer sans but, tomber dans l'immoralité et se comporter de manières indignes. Mais, si nous venons à tomber dans la l'immoralité ou la corruption, Dieu sera là pour nous châtier et nous conduire à la repentance, afin que nous puissions toujours mener une vie sainte selon ses lois.

Le salut n'est pas obtenu par l'observance des dix commandements. Nous sommes sauvés uniquement par la grâce, par notre foi en Jésus. Au bénéfice de la grâce de Dieu, nous nous devons d'observer ses commandements, de lui plaire, et de croître chaque jour dans sa communion. Lorsque nous lui plaisons, nous réalisons combien il nous aime et nous bénit, chaque jour davantage.

Lorsque, avec l'aide du Saint-Esprit, nous nous efforçons de tout cœur de mener nos vies selon les dix commandements, nous faisons l'expérience de l'exaucement de nos prières, et nous grandissons dans la grâce et la connaissance de Dieu.

A présent, j'aimerais traiter avec vous le sujet des dix commandements et voir comment vivre une vie digne de l'appel de Dieu, en tant que ses enfants rachetés.

Tu n'auras pas d'autres dieux face à moi

Les cieux, la terre et tout ce qui s'y trouve furent créés par Dieu seul. Par la chute, Satan et ses anges déchus sont devenus les dieux invisibles de ce monde. Ils séduisent les gens, souillant leur esprit, faisant tout pour les séparer de Dieu et les conduire à adorer des idoles de toutes sortes.

Quel que soit le développement de la civilisation et la transformation des époques, un seul homme ne peut jamais avoir deux pères spirituels. Nous devons croire seulement dans le Dieu vivant et vrai, et ne faire confiance qu'à Lui seul. Nous devons vivre pour Lui et l'adorer Lui seul, Jéhovah Dieu, le Père de notre Seigneur Jésus-Christ. Les gens qui ne croient pas en Jéhovah Dieu par Jésus-Christ croient dans les dieux de ce monde. C'est pour cela que leur vie est centrée essentiellement sur l'homme. Ces gens seront abandonnés par Dieu.

Tu ne te feras pas d'idole

Dieu a donné ce commandement, « tu ne te feras pas d'idole, ni rien qui ait la forme de ce qui se trouve au ciel là-haut, sur terre ici-bas ou dans les eaux sous la terre » (Ex 20.4).

Certains peuvent demander, « si c'est ainsi, devons-nous détruire toutes les œuvres d'art et les diverses sculptures dans le monde ? ». Le talent dans la conception d'une œuvre d'art, d'une sculpture, et tous les autres talents sont donnés par Dieu. Dans le passage qui nous concerne, Dieu dit de ne pas s'incliner ou servir des images taillées, ni de faire des idoles pour être adorées. Comment pouvons-nous appeler péché l'œuvre d'un artiste qui conçoit pour le plaisir de l'art et jamais dans le but d'adorer son œuvre ? Les coupables sont les personnes qui en font des idoles à adorer. Notre Père céleste est un Dieu jaloux. Sans aucun doute, il punira ceux qui adorent les idoles. Mais aux seuls adorateurs du vrai Dieu, la Bible promet fidèlement la bénédiction sur des milliers de générations.

Tu ne prononceras pas à tort le nom du Seigneur, ton Dieu

Si les gens se permettent de calomnier leurs dirigeants nationaux, ils doivent s'attendre à être sanctionnés comme le prévoient leurs lois. Pareillement, les personnes qui prononceront à tort le nom de Dieu, parlant de lui avec légèreté, seront toujours reprises par Lui. Les enfants ne doivent pas déshonorer leurs parents au risque d'être réprimandés par Dieu. Où pourrions-nous nous cacher de la colère divine si nous parlons irrévérencieusement de notre créateur ? Le nom de Dieu ne doit jamais être utilisé en plaisantant, ni en jurant, ni avec légèreté car Il est notre Père céleste digne de révérence. Celui qui a commis le péché de prononcer avec légèreté ou de prononcer à tort le nom de Dieu doit se repentir et dorénavant s'en abstenir.

Que du jour du sabbat on fasse un mémorial en le tenant pour sacré

Le samedi est le jour du sabbat juif, mais pour les chrétiens, le dimanche est le jour du Seigneur, parce que Jésus est ressuscité le premier jour après le sabbat. Le jour de la Pentecôte, cent vingt personnes, y compris les disciples, étaient rassemblés dans la chambre haute, dans la maison de Jean-Marc, lorsque le Saint-Esprit descendit sur eux. C'était le premier jour du sabbat. Ce fut le début de l'église. En ce jour, après le sabbat, les chrétiens se rassemblaient pour un service d'adoration et d'offrandes au Seigneur (1 Co 16.1-2). Nous aussi nous devons faire un mémorial du dimanche. C'est un jour consacré pour un service d'adoration, puisqu'en ce jour, Jésus est ressuscité, l'Esprit est descendu, et les chrétiens de l'église primitive se sont rassemblés pour l'adoration et les offrandes à Dieu.

Jésus est le Seigneur du sabbat. La Bible déclare que nous ne devons faire aucune œuvre le jour du sabbat ou le jour du Seigneur, mais le mettre à part. Vous vous demandez sans doute : « que se passera t-il si les jardiniers, les conducteurs de bus et les militaires ne travaillent pas en ce jour ? ».

Jésus est venu pour abolir la loi au sujet du jour du sabbat. Il a guéri un malade en son temps, un jour du sabbat. Avec ses disciples, il eut à passer à travers des champs de blé. Ses disciples eurent faim et se mirent à arracher des épis et à les manger. Voyant cela, les pharisiens l'accusèrent de faire ce qui n'est pas permis le jour du sabbat. Mais Jésus leur répondit : « car le fils de l'homme est maître du sabbat » (Mt 12.8). « Mais il leur dit : « Qui d'entre vous, s'il n'a qu'une brebis et qu'elle tombe dans un trou le jour du sabbat, n'ira la prendre et l'en retirer ? » (Mt 12.11).

Nous ne devons pas violer ce jour, étant entraînés par notre cupidité. En le faisant, nous commettons un péché et transgressons le sabbat. Le jour du Seigneur, nous devons œuvrer pour le salut des âmes. Si nous allons à l'église très tôt et cela dans le but de profiter du temps restant pour un pique-nique, nous aimons les plaisirs plus que Dieu. Nous devons cesser cette attitude. « Heureux l'homme qui fait cela, le fils d'Adam qui s'y tient, gardant le sabbat sans le déshonorer, gardant sa main de faire aucun mal » (És 56.2).

Selon les statistiques, la France est la nation où le jour du Seigneur est le moins respecté. Paris, capitale française, est connue pour son taux élevé de crimes et de suicides. Récemment, des scientifiques ont démontré qu'une nuit de sommeil est insuffisante pour restaurer l'oxygène du corps après une journée de dur labeur, vue la quantité de dioxyde de carbone absorbée. Une pleine journée de repos, prise dans la semaine, peut permettre d'évacuer ces résidus du corps. Les médecins nous avertissent que ceux qui travaillent durement sans repos dans la semaine, écourtent leur vie. Ces bourreaux du travail vivent stressés, fatigués physiquement et ont un faible rendement. Selon les chercheurs du monde animalier, les animaux vivent mieux avec un jour plein de repos. Notre Dieu, par avance, connaissait tout cela, c'est pourquoi il nous exhorte à respecter le jour saint du Seigneur.

Honorer ton père et ta mère

Honorer les parents signifie que les enfants se doivent toujours de respecter leurs parents et ne pas être pour eux une source de tristesse. Même à l'âge adulte, les enfants, selon leurs moyens, doivent continuer à les honorer et contribuer à leur bien-être. Les parents pareillement doivent aimer leurs enfants. Les enfants doivent toujours respecter leurs parents.

Tu ne commettras pas de meurtre

Il y a deux façons de mourir de nos jours : le suicide et le meurtre. Aujourd'hui, bien des personnes se suicident avec leurs enfants. C'est un douloureux péché. Nos vies ne nous appartiennent pas, mais elles sont à Dieu. Même nos enfants nous ont été prêtés temporairement par Dieu et nous ne pouvons pas nous permettre de faire ce que nous voulons d'eux. L'homme a été créé à l'image de Dieu et à sa ressemblance. Par conséquent, sa vie n'est pas à lui, mais à Dieu. Se tuer est un péché. Inutile d'ajouter que mettre fin à la vie d'un autre est aussi monstrueux aux yeux de Dieu. Toutes les nations, comme Dieu, interdisent le meurtre.

Tu ne commettras pas d'adultère

L'adultère est un péché contre son propre corps. « Ne savez-vous pas que vos corps sont les membres du Christ ? Prendrai-je les membres du Christ pour en faire des membres de prostituée ? Certes non ! Ne savez-vous pas que celui qui s'unit à la prostituée fait avec elle un seul corps ? Car il est dit : Les deux ne seront qu'une seule chair. Mais celui qui s'unit au Seigneur est avec lui un seul esprit. Fuyez la débauche. Tout autre péché commis par l'homme est extérieur à son corps. Mais le débauché pèche contre son propre corps » (1 Co 6.15-18). « Que le mariage soit honoré de tous et le lit conjugal sans souillure, car les débauchés et les adultères seront jugés par Dieu » (Héb 13.4). Voilà des paroles fortes et vraies. La fornication et l'adultère seront jugés par Dieu.

Tu ne commettras pas de rapt

Il y a deux sortes de personnes que nous pouvons voler : Dieu et les autres. La Bible dit : maudits soient ceux qui volent Dieu. « Un homme peut-il tromper Dieu ? Et vous me trompez ! Vous dites : "En quoi t'avons-nous trompé ?" pour la dîme et les redevances. Vous êtes sous le coup de la malédiction et c'est moi que vous trompez, vous, le peuple tout entier ! » (Mt 3.8-9). Nous ne devons jamais voler Dieu, ni son jour, ni sa dîme. Si nous avons eu à voler Dieu, nous avons été sous la malédiction. Sous le coup de la malédiction, il est impossible d'avoir une juste relation avec lui. Bien sûr, nous ne devons pas non plus voler notre prochain.

Tu ne témoigneras pas faussement contre ton prochain

C'est la forme la plus élevée de péché et de corruption que de faire un faux témoignage contre ses amis ou son prochain, à cause de la jalousie et de l'envie. Dans le monde d'aujourd'hui, il y a une décadence morale et éthique. Les gens se font des coups bas, poignardant leur prochain dans le dos. Certains organismes publics déclarent recevoir un nombre incalculable de fausses lettres de dénonciation, envoyées par des voisins mal intentionnés. Nous devons éradiquer la tentation de porter un faux témoignage contre quiconque dans le but de nuire, qu'il s'agisse d'un membre de notre famille, de la société ou de la nation.

Tu ne convoiteras pas la maison de ton prochain

La convoitise est une forme de cupidité qui va au-delà de la proportion autorisée. La Bible parle clairement et précisément de ce qui ne doit jamais être convoité : la femme de son prochain, ni son serviteur ou sa servante, son bœuf ou son âne, ni rien qui puisse lui appartenir. « Faites donc mourir ce qui en vous appartient à la terre, ... et cette cupidité, qui est une idolâtrie » (Col 3.5). Comme chrétiens, il nous est interdit d'adorer des idoles, la parole le dénonce. La cupidité est de l'idolâtrie. Si l'on ne veille pas sur son cœur, la cupidité peut engendrer une idole, objet de notre adoration. Dans une telle situation, la paix de Dieu est perdue. Ce qui est merveilleux, ce sont ces grandes œuvres accomplies par les bénédictions de Dieu, répandues pour ceux qui sont sincères, honnêtes, et qui œuvrent diligemment. Conflits, luttes, et tristesses sont les conséquences de la cupidité, chez ceux qui vont au-delà des limites autorisées, voulant ce qui ne leur appartient pas.

Il n'y a pas d'être humain parfait en dehors de Jésus. Toutefois, malgré toutes nos imperfections, nous sommes passés par la nouvelle naissance et rendus justes par Jésus de la justice de Dieu. Nous devons constamment tendre à la perfection. Les lois de Dieu (ses commandements) sont encore valables pour tous les chrétiens. Elles sont données pour nous guider sur le chemin de la perfection en Christ. Elles jouent le rôle d'un miroir dont le but est de nous rappeler ses lois.

Puisse le Seigneur vous bénir en vous guidant par son Saint-Esprit chaque jour afin de refléter ses dix commandements et d'imiter Jésus, croissant quotidiennement en Christ, pour atteindre maturité et perfection.

8 Partenaire de la nature divine

« Simon Pierre, serviteur et apôtre de Jésus-Christ, à ceux qui ont reçu, par la justice de notre Dieu et Sauveur Jésus-Christ, une foi de même prix que la nôtre : que la grâce et la paix vous viennent en abondance par la connaissance de Dieu et de Jésus, notre Seigneur. En effet, la puissance divine nous a fait don de tout ce qui est nécessaire à la vie et à la piété en nous faisant connaître celui qui nous a appelés par sa propre gloire et sa force agissante. Par elles, les biens du plus haut prix qui nous avaient été promis nous ont été accordés, pour que par ceux-ci vous entriez en communion avec la nature divine, vous étant arrachés à la pourriture que nourrit dans le monde la convoitise »

(2 Pi 1.1-4).

Tout être humain est né avec une nature unique, différente. Descendant d'Adam, nous sommes nés esclaves de la corruption et de la cupidité. Cette nature en nous produit diverses œuvres tels que la colère, la jalousie, la crainte, l'anxiété, le désespoir, le découragement et la profonde culpabilité. Mais en recevant Jésus-Christ, par sa grâce, nous naissons de nouveau. C'est alors que nous recevons sa nouvelle nature et participons à la nature divine. Quelle est cette nature divine à laquelle nous participons ?

1. La paix fait partie intégrante de la nature divine

Aujourd'hui, chaque nation fait de son mieux pour avoir la paix, mais sans résultat positif. Le monde est sans paix. Le constat est affligeant, politiquement, nationalement et socialement. Partout, c'est la crainte dans les cœurs. Les médias font état continuellement de guerres, de bruits de guerre, de famines, de sécheresses et de tremblements de terre. Nulle part dans le monde on ne trouve la paix ou le réconfort. Rien dans ce monde n'est certain. Mais en Dieu, il y a une paix infinie pour chaque besoin et circonstance. Les circonstances extérieures visibles à l'œil nu ne sont pas les seules responsables de la crainte dans le cœur. Il y a également le conflit naturel inné dans l'homme. L'homme vit avec une angoisse innée. Adam et Ève tremblèrent de peur après avoir trahi Dieu. C'est pour cela qu'ils se cachèrent parmi les arbres dans le jardin d'Eden. Lorsque Dieu les appela « Adam où es tu ? » la réponse d'Adam fut : « J'ai eu peur parce que je suis nu ».

Le péché apporte toujours la crainte et chasse la paix dans le cœur. La parole de Dieu le confirme : « Mais point de paix, a dit le Seigneur, pour les méchants » (És 48.22).

Il était une fois un vieil homme qui vivait comme un roi, mais il était constamment dans un sentiment d'insécurité et de crainte. Pour trouver la paix, il décida d'acquérir un tableau représentant la paix et la tranquillité. Pour cela, il offrit une importante somme d'argent à de célèbres artistes afin de réaliser le tableau. Il leur demanda de représenter la paix à laquelle il aspirait. Chacun de ces peintres avec sa conception de la paix travailla sur ce projet, jusqu'au jour de l'exposition.

Le riche homme entra dans la galerie. Il commença avec minutie à admirer chaque tableau et à méditer sur les scènes. Certains des tableaux montraient des pâturages très rustique et paisible, avec un étang calme et des nuages suspendus dans le ciel. Mais il passa outre. Une autre toile représentait une ferme où somnolait un joli chiot à côté des figuiers. Mais il ne s'attarda pas sur celle-là non plus. Il passa rapidement sur les autres tableaux. C'est alors que ses regards s'arrêtèrent sur la scène d'une chute d'eau descendant d'une falaise. Sur le flanc de la falaise se trouvait une petite grotte. Mais en observant bien, on pouvait percevoir un petit rouge-gorge dans la grotte couvant ses œufs dans son nid.

L'expression du rouge-gorge reflétait le repos, la paix et la sérénité en dépit de la turbulente chute d'eau. Immédiatement, le riche homme sut que ce tableau était le bon, celui qui lui apporterait la paix de l'esprit. Comme il prenait sa décision, les gens autour de lui le questionnèrent : « Pourquoi as-tu fais ce choix ? »

Il répondit : « Dans le monde d'aujourd'hui, il n'y a pas de paix, et cependant, ce rouge-gorge, dans ses plus périlleuses circonstances trouve la sécurité dans l'étroite grotte, et cela malgré la violente chute d'eau. Ce tableau me dit que la paix doit provenir de l'intérieur et non de l'extérieur ».

Il n'y a dans ce monde aucun endroit où l'on puisse trouver la vraie paix, mais une paix intérieure est possible. Dans n'importe quelle situation ou circonstance, il est possible d'avoir la paix au-dedans de soi, même si nous ne la trouvons pas à l'extérieur. Nous devons la rechercher à l'intérieur.

La paix intérieure n'est possible que lorsqu'on devient participant de la nature divine en Christ.

Pour être au bénéfice de cette nature divine, il faut naître de nouveau. Il faut se repentir pour devenir enfant de Dieu. « Convertissez-vous : le règne des cieux s'est approché » (Mt 4.17).

Lors de notre repentance, le sang de Christ couvre nos péchés et nous sommes réconciliés avec Dieu. En faisant la paix avec Lui, nous devenons enfants de Dieu, nés de la parole et du Saint-Esprit. C'est alors que nous devenons participants de sa nature divine et acquérons sa paix.

Il est nécessaire de toujours prier, si nous voulons garder sa paix et grandir dans sa nature divine. La parole nous encourage et nous fortifie tout en nous rappelant : « Ne soyez inquiets de rien, mais, en toute occasion, par la prière et la supplication accompagnées d'action de grâce, faites connaître vos demandes à Dieu. Et la paix de Dieu, qui surpasse toute intelligence, gardera vos cœurs et vos pensées en Jésus-Christ » (Ph 4.6-7).

Lorsque nous confions à Dieu nos anxiétés et nos craintes dans la prière, sa paix coule en nous comme une rivière à cause de sa nature divine en nous. Sa paix va chasser l'anxiété loin de nous, au-delà de ce que nos propres capacités naturelles peuvent accomplir.

La paix, c'est à dire la nature divine de Dieu, vient en nous par la puissance du Saint-Esprit. Les chrétiens la reçoivent au moment où ils connaissent la nouvelle naissance. C'est pour cela qu'ils peuvent prier en tout temps, se déchargeant de leurs inquiétudes sur leur Père céleste qui déversera sa paix en eux. Même si les anxiétés et les inquiétudes dues aux circonstances extérieures nous troublent, lorsque vient la paix que Dieu donne, elle balaie tout dans notre être le plus profond. C'est alors que la victoire sera nôtre dans toutes les batailles de notre vie.

2. La joie fait partie intégrante de la nature divine

Les gens de ce monde s'enivrent et abusent de la sexualité dans l'espoir d'obtenir la joie de vivre. Mais ces plaisirs qu'ils poursuivent sont temporaires et disparaîtront. Après s'y être adonnés, ils en subissent les conséquences : du remords dans leur conscience, des regrets, le désespoir, la tristesse et toutes sortes de mauvais sentiments. Pour goûter un bref instant de joie, le monde propose toute une gamme de substituts : alcools, drogues, et toutes formes de perversions sexuelles. Tout ceci n'est qu'un camouflage. En effet, ces substituts ne procurent aucune joie ou plaisir durable. Bien au contraire ils détruisent des vies, des familles, des sociétés et des nations. Si l'homme manque de la véritable extase – la joie de vivre – il a perdu la force de bien vivre.

De nos jours, nos sociétés urbanisées et industrialisées ressemblent à une jungle. Les gens vivent comme faisant partie intégrante d'une grosse machinerie, manquant de joie et de force de vivre. C'est pourquoi, quelles que soit leurs situations, ils sont dans la douleur et dans le stress. Par contre, la joie est une source ou une fontaine de vie heureuse. Où peut-on trouver cette joie éternelle et saine ?

La joie véritable se trouve en Dieu. Dans le caractère de Dieu, il ne se trouve pas de tristesse.

Premièrement, une joie éternelle et saine vient après la repentance. Mais ce n'est pas tout. Nous devons être remplis du Saint-Esprit. C'est lui qui déverse la joie du Seigneur dans notre vie, une joie suffisamment grande pour emporter les tristesses momentanées de cette vie.

Deuxièmement, nous devons obéir aux commandements de Dieu. Lorsque nous demeurons en sa parole et y obéissons, notre joie est toujours à son maximum. Jésus a dit : « Si vous observez mes commandements, vous demeurerez dans mon amour, comme, en observant les commandements de mon Père, je demeure dans son amour. Je vous ai dit cela pour que ma joie soit en vous et que votre joie soit parfaite » (Jn 15.10-11).

Lorsque nous démontrons notre amour en gardant les commandements de Dieu, alors la joie – la véritable nature de Dieu – inonde notre cœur y apportant joie et victoire.

Une joie perpétuelle en tout temps est conditionnée par une prompte repentance de tout péché, une vie remplie quotidiennement du Saint-Esprit, d'amour de Dieu démontré par l'obéissance à tous ses commandements.

3. La foi fait partie intégrante de la nature divine

Le constat actuel dans le monde, c'est l'incertitude, le changement comme une personne grippée. Effectivement, rien n'est certain. Tout est temporaire et changeant. Qui est celui qui peut nous donner une foi ferme au milieu des circonstances changeantes ? D'où recevrons-nous une foi positive, solide et inébranlable au milieu d'une société en perpétuel changement et à l'économie incertaine ? Une foi qui, pour l'instant, ne perçoit pas, ne touche pas, n'entend pas l'objet de sa foi.

La foi inébranlable a sa source dans la confiance absolue en Dieu, notre souverain maître. Dieu est l'alpha et l'oméga de notre vie, le souverain créateur. La confiance en Dieu apporte la paix, qui à son tour apporte la joie, et celle-ci fait naître la confiance en un Dieu souverain, immuable. Jésus s'adressa à ceux qui étaient craintifs et tremblants : « Que votre cœur ne se trouble pas : vous croyez en Dieu, croyez aussi en moi. Dans la maison de mon Père, il y a beaucoup de demeures : sinon vous aurais-je dit que j'allais vous préparer le lieu où vous serez ? Lorsque je serai allé vous le préparer, je reviendrai et je vous prendrai avec moi, si bien que là où je suis, vous serez vous aussi » (Jn 14.1-3). Par ces paroles, Jésus déclare qu'il est allé préparer une place éternelle pour ceux qui vivent dans un monde toujours changeant et plein d'insécurité. Il a promis qu'un jour viendra où toute inquiétude, anxiété, insécurité, et crainte seront enlevées pour toujours. Par la Parole de Dieu, nous pouvons avoir une foi solide.

Notre dépendance de Dieu et confiance en Lui deviennent plus fortes. Nous lisons : « Qui nous séparera de l'amour du Christ ? La détresse, l'angoisse, la persécution, la faim, le dénuement, le danger, le glaive ? selon qu'il est écrit : A cause de toi nous sommes mis à mort tout le long du jour, nous avons été considérés comme des bêtes de boucherie. Mais en tout cela, nous sommes plus que vainqueurs par celui qui nous a aimés » (Ro 8 :35-37).

Même si tout dans la vie est imprévisible et incertain, Dieu, Lui, ne change pas. Rien ne peut nous séparer de Lui. Jamais !

Avec une foi inébranlable nous pouvons accomplir des œuvres qui dépassent notre imagination. Lorsque la foi humaine est conjuguée à celle de Dieu, des miracles se produisent.

Moïse avait la foi de Dieu. Il a conduit trois millions d'Israélites hors d'Égypte à travers le désert. Ces quatre-vingt ans n'était pas un obstacle. En son temps, il n'y avait pas de pont, ni de bateaux pour traverser la mer rouge. Mais arrivé au bord de la mer, Moïse saisit l'opportunité pour prier afin de recevoir des directives explicites de Dieu. En réponse à sa prière, la mer s'est ouverte en deux et le peuple a traversé à pieds secs. L'histoire ne s'arrête pas là. Le même Moïse, avec une foi audacieuse, sera encore à la hauteur, lors de la crise alimentaire du peuple dans ce désert infertile. Après Moïse, Josué a démontré une foi miraculeuse au moment où le mur de Jéricho s'écroula. Jésus a dit : « Si tu peux !... Tout est possible à celui qui croit » (Mc 9.23). « Qu'il te soit fait comme tu as cru » (Mt 8.13). La foi est une puissance miraculeuse invisible, qui peut totalement changer notre vie et notre destinée. Nous qui croyons, nous devons faire l'expérience de la nature divine, de façon si profonde en nous, que nous vivrons victorieusement, triomphants de nos circonstances en tout temps.

4. L'amour fait partie intégrante de la nature divine

« Dieu est amour » (1 Jn 4.8). La nature fondamentale de l'homme c'est la cupidité et la volonté propre. C'est pour cela que nos contemporains détruisent leur propre vie et leur famille. La parole de Dieu dit : « Une fois fécondée, la convoitise enfante le péché, et le péché, arrivé à la maturité, engendre la mort » (Jc 1.15). C'est dans cette racine du péché que la cupidité, après avoir été fécondée, enfante le péché qui conduit à la mort.

L'opposé de l'amour n'est pas la haine, mais la cupidité, le refus de donner et le désir de toujours vouloir prendre. L'amour se vit de tout son être, c'est un don de soi-même. Voilà l'amour véritable ! Dieu a aimé si grandement le monde qu'il a donné son fils unique Jésus. A son tour, dans son grand amour, il a aussi donné en sacrifice sa vie pour nous. Par lui, nous recevons la vie. Puisque, nous sommes nés de nouveau, il nous faut partager cet amour, sans condition et sans injustice. Qui sont ceux qui doivent donner l'amour d'une manière inconditionnelle ? Le mari à sa femme, la femme à son mari, les parents à leurs enfants, et les enfants à leurs parents.

Lorsque l'amour de Dieu versé en nous se manifeste envers les autres, nous recevons en retour l'amour, la joie, et la paix. « Donnez et il vous sera donné ». L'amour pour nos ennemis y est inclus. La parole de Dieu est sans condition : « Mais si ton ennemi a faim, donne-lui à manger, s'il a soif, donne-lui à boire, car, ce faisant, tu amasseras des charbons ardents sur sa tête » (Ro 12.20). Chaque jour, laissons cette nature divine qui est amour nous conduire. Partageons avec les nôtres, nos amis, et nos ennemis. Lorsque cet amour sera vécu, nos communautés deviendront des lieux de vie paisibles et l'amour de Dieu s'y manifestera.

5. La sainteté fait partie intégrante de la nature divine

Dieu hait le péché car le péché détruit l'homme. Il en a une telle haine qu'il n'a pas pu regarder son fils sur la croix, au moment où il « devint péché » pour vous et pour moi. Ce fut un temps cruel pour Jésus, Lui qui « devint péché » que ce manque de considération de son père. Angoissé, il cria : « Mon Dieu, mon Dieu, pourquoi m'as-tu abandonné ». « Pourquoi ? ». N'est ce pas en cette heure, qu'il porta les péchés de l'humanité, ceux des gens de son temps et des millions d'autres qui n'avaient pas encore vu le jour. Jésus porta les péchés, seul, sans son père. Il a volontairement payé le prix exigé pour mon péché et les vôtres.

La parole de Dieu dit : « Celui qui pèche, c'est lui qui mourra » (Éz 18.20). Nul ne peut entrer dans le royaume des cieux, sans s'être repenti. C'est la raison pour laquelle, Jean Baptiste, Jésus et ses disciples ont proclamé ce message à tous : « Convertissez-vous ». Dieu ne fait pas de compromis avec le péché. Quelle illusion que celle de la personne qui pense en son esprit, que Dieu va continuer à la bénir, alors qu'elle vit ouvertement dans le péché ou se compromet avec.

Comment pouvons-nous participer à la nature sainte de Dieu ? En ayant chaque jour un cœur repentant, qui reconnaît et confesse sa faillite et son péché. Lorsque nous nous repentons, Dieu pardonne. 1 Jean 1.9 dit : « Si nous confessons nos péchés, fidèle et juste comme il est, il nous pardonnera nos péchés et nous purifiera de toute iniquité ».

Lorsque nous nous repentons, nous sommes à nouveau purs. C'est la condition nécessaire pour notre participation à Sa sainte nature divine. Sans le repentir, il ne peut y avoir de purification de nos péchés et Dieu ne peut être vu.

Si une personne fréquente l'église pendant des années, tout en vivant en secret dans la fornication, le mensonge et la rébellion, comment une telle personne peut-elle être chrétienne ?

Jésus enseigna à ses disciples qu'ils étaient le sel de la terre et la lumière du monde (Mt 5.13-14). Aujourd'hui, nous nous enorgueillissons de ce qu'il y a dix millions de chrétiens en Corée. Mais si tous ceux qui professent être chrétiens, vivaient comme sel et lumière du monde, la société coréenne serait transformée. Ésaïe a dit : « Ce peuple ne s'approche de moi qu'en paroles, ses lèvres seules me rendent gloire, mais son cœur est loin de moi. La crainte qu'il me témoigne n'est que précepte humain, leçon apprise » (És 29.13). Malheureusement aujourd'hui plusieurs disent, « Seigneur, Seigneur », mais leurs cœurs ne révèlent pas la nature divine de Dieu.

Le chrétien doit examiner son cœur chaque jour. Nous devons purifier nos cœurs par le sang précieux de Jésus et être renouvelés par les Saintes Écritures. Nous devons poursuivre la sainteté, aidés par le Saint-Esprit. Nous devons suivre l'exemple de Christ, en faisant chaque jour, nos efforts afin de penser, parler, et vivre la sainteté de Dieu dans nos milieux d'activités. De plus, d'une personne qui déclare « Je crois en Christ », mais qui cherche avant tout les bénédictions au lieu du donateur, et qui désobéit à ses commandements, on peut affirmer qu'elle n'est pas véritablement chrétienne.

Repentance et prière en tout temps, voilà ce qu'il faut faire. Mais il faut aussi rechercher la sainteté, comme Paul le recommande. C'est alors qu'il y aura toujours une manifestation de la présence de Dieu par nous, preuve de notre participation à la nature divine de Christ. « Sortez donc d'entre ces gens-là, et mettez-vous à l'écart, dit le Seigneur ; ne touchez à rien d'impur. Et moi je vous accueillerai. Je serai pour vous un père, et vous serez pour moi des fils et des filles, dit le Seigneur tout-puissant » (2 Co 6.17-18).

Bref, cela ressemble au cycle de la vie. Tout commence à la conception, suivie de la croissance, et de la maturité à l'âge adulte. Pareillement, comme nouveau-nés, les croyants sont faibles au commencement de leur nouvelle vie de foi. Pourtant Dieu a donné naissance à la nature divine en eux. En faisant des efforts pour mener leur vie selon la parole, ils grandissent en Christ jour après jour. En grandissant, ils deviennent plus forts et participent de plus en plus à la nature divine de Christ, jusqu'à la maturité, la ressemblance à Christ Jésus.

Ayez soif de la parole de Dieu. Priez avec joie dans l'Esprit, et devenez plus forts dans la participation de la nature divine chaque jour.

9 Trois découvertes

« Car, je vous le déclare, frères : cet Évangile que je vous ai annoncé n'est pas de l'homme ; et d'ailleurs, ce n'est pas par un homme qu'il m'a été transmis ni enseigné, mais par une révélation de Jésus-Christ. Car vous avez entendu parler de mon comportement naguère dans le judaïsme : avec quelle frénésie je persécutais l'Église de Dieu et je cherchais à la détruire ; je faisais des progrès dans le judaïsme, surpassant la plupart de ceux de mon âge et de ma race par mon zèle débordant pour les traditions de mes pères. Mais, lorsque celui qui m'a mis à part depuis le sein de ma mère et m'a appelé par sa grâce a jugé bon de révéler en moi son Fils afin que je l'annonce parmi les païens, aussitôt, loin de recourir à aucun conseil humain ou de monter à Jérusalem auprès de ceux qui étaient apôtres avant moi, je suis parti pour l'Arabie, puis je suis revenu à Damas »

(Ga 1.11-17)

Le monde d'aujourd'hui connaît chaque jour des bouleversements. Il est inondé par toutes sortes d'inventions nouvelles et de découvertes. Cependant, ces choses n'apportent qu'un changement temporaire dans l'environnement et les circonstances de l'homme. Nous sommes incapables de changer le problème fondamental de l'existence de l'homme. Mais, les trois découvertes, que je me propose de partager avec vous, maintenant, apporteront un changement profond dans vos vies, pour maintenant et la vie à venir.

1. La découverte de la perdition de l'homme

Nos contemporains ne connaissent pas d'où ils viennent, le pourquoi de la vie, et leur destinée après la mort. Ils s'enfoncent dans le marécage des convoitises charnelles, celle des yeux, et l'orgueil de cette vie. Bien que, chaque jour ils doivent se battre pour survivre, ils ne choisissent pas de sortir du marécage du péché.

Tout ceci ressemble à un enfant bien habillé avec des bonbons dans sa bouche et dans ses mains. Imaginez-le dans votre esprit. Il marche, parle joyeusement, et chante avec son ami, ignorant qu'il s'enfonce dans la forêt profonde. C'est tardivement, qu'il réalise qu'il a perdu son chemin. Il tremble de crainte et crie, ne sachant que faire.

Chaque jour, l'homme moderne est préoccupé par les responsabilités de ses affaires, il court ça est là, comme cet enfant bien éduqué, qui erre avec une terrible crainte, parce qu'il est perdu. Ses bonbons, ses beaux habits et ses amis, ne lui sont d'aucune aide pour retrouver son chemin. En effet, l'homme qui perd la direction et le but de sa vie ne les retrouvera pas dans la célébrité, l'argent et le pouvoir. Ces moyens sont insuffisants pour l'orienter dans le droit chemin. Mais le comble, c'est son inconscience de son état véritable. Il ignore qu'il est perdu, ressemblant à un vagabond, ne sachant ni où aller ni quel est le but de sa vie.

L'homme est perdu dans une forêt appelée désespoir

Les gens ressemblent à cet enfant perdu dans une forêt profonde. Ils errent dans cette forêt nommée culpabilité et n'ont aucune notion de la direction à suivre pour leur vie.

Toutefois, leur conscience s'éveille en face d'une crise durant leur vie ou face à la mort. Témoin de tous ses péchés, elle les condamne. La conscience joue son rôle d'accusateur pour le riche aussi bien que le pauvre. Nul ne peut vivre en réprimant la voix de sa conscience.

D'autres encore errent dans une forêt où la vie est vaine et vide. Lorsqu'un homme est fatigué et épuisé par la pression des vicissitudes de la vie, il commence à lever les yeux vers le ciel, vers un horizon meilleur. Le regard vide, il soupire se disant à lui-même : « Dois-je continuer à vivre de cette manière, dans un labeur constant ? Quel est le but de mon existence, la raison d'être de ma vie sur terre ? ».

A certaines périodes de la vie, tout le monde se débat avec la pensée « Je souhaite la mort ». Tout homme est à la recherche de la vraie signification de la vie. Cette quête réside dans tous les cœurs. Elle incite à chercher, et ne s'arrête que lorsqu'elle a trouvé.

De plus, l'homme erre dans une forêt appelée la mort, le désespoir. Chacun finit par mourir un jour. Ceci est un fait grave. L'ombre de la mort le trouble grandement – ce sentiment qu'un jour il doit retourner à la poussière. La crainte de la mort est cruelle, implacable, gravée sur les tables de chaque cœur. Nous voyons ceux que nous aimons : parents, épouse, enfants et amis intimes enlevés par la mort et nous pensons : « Le jour viendra où moi aussi, je serai dans un cercueil, enterré dans la poussière ». Ainsi, l'homme vit dans une dépression latente au sujet de la mort.

Il ressemble à un homme qui se noie, sans aide, dans un marécage de culpabilité, de solitude, de vide et de crainte de la mort.

L'homme est nu

La condition réelle de l'homme, c'est qu'il est nu, mais il ne le sait pas. Après, avoir désobéi à Dieu dans le jardin d'Eden, Adam et Ève se sont cachés de lui, couverts de feuilles de figuier. Mais rapidement, il ne resta plus rien de ces tabliers de fortune, desséchés au brûlant soleil de midi. Malgré tous les efforts pour couvrir leur honte devant Dieu, ils n'ont pas réussi. Ceci est une autre tragédie de l'homme d'aujourd'hui. Il fait tous ses efforts pour cacher sa désespérante nudité par le moyen de la science avancée et tout ce qui est en son pouvoir. Toutefois, tous ces moyens si développés soient-ils, ne règlent pas son problème de culpabilité, de vide, et sa crainte de la mort.

Nous devons être conscients de l'état de perdition et de nudité de l'homme devant Dieu. Sachons que la connaissance, la science, et la richesse humaine sont comme des feuilles de figuier, qui ne peuvent pas nous cacher de Dieu. La connaissance de la réalité de Dieu reste la plus grande de toutes les découvertes et bénédictions pour l'homme. Vous, vous dites : « Je suis riche, je n'ai pas besoin de tout çà ». Cette ignorance est une maladie désespérante qui bientôt mènera à la mort.

De nombreux malades nient le fait qu'ils sont malades même s'ils sont gravement atteints au point de faire face à la mort. C'est une grave erreur que de penser : « Si je travaille et mène bien ma vie, tous les autres problèmes de la vie seront résolus ». Il nous faut davantage qu'une science avancée et un environnement agréable pour résoudre les problèmes de la vie.

Imaginons qu'un automobiliste soit confronté, sur son parcours, à un danger qui peut finalement le conduire à la mort. Dans cette circonstance, il est sensé lever le pied de l'accélérateur. Mais s'il se met à accélérer, il aura du mal à éviter l'obstacle pouvant produire un accident mortel. Ce danger, surgissant à l'improviste, ne pourra être évité en augmentant la vitesse. Pourtant, l'homme moderne se comporte ainsi, il a une grave et fausse opinion de la science et des inventions actuelles. Il pense que l'évolution rapide de celles-ci lui apportera une solution pour toutes choses. Mais aussi longtemps qu'il vit avec des sentiments de culpabilité, de vide et de crainte de la mort, ni sa science avancée, ni les progrès rapides reconnus dans le monde ne le sauveront. Il doit reconnaître le fait que sans Dieu, toutes choses sont vaines. Plus tôt il le sait, mieux ça vaut.

2. Découvrir Jésus-Christ

Quand l'homme connaît son besoin, il doit ensuite découvrir que Jésus-Christ est la réponse de la vie. Il doit savoir qui il est et pourquoi il est venu sur la terre. Chacun à son tour doit se poser cette question et en trouver la réponse. Quand, il trouvera Jésus-Christ et l'acceptera comme Seigneur et Sauveur, son cœur sera satisfait. Ce sera le début d'une vie de paix et de joie.

Une naissance extraordinaire

La Parole de Dieu dit : « Dieu, en effet, a tant aimé le monde qu'il a donné son Fils, son unique, pour que tout homme qui croit en lui ne périsse pas mais ait la vie éternelle » (Jn 3.16). Elle dit clairement qu'il y a un chemin qui mène à la destruction et un autre à la vie éternelle. C'est notre position par rapport à Jésus qui fait toute la différence. L'homme se doit de choisir entre les deux, soit le chemin qui mène à la perdition, soit celui qui mène à la vie éternelle en Jésus-Christ.

Jésus est né d'une vierge, sans père humain. Il est né par l'intervention du Saint-Esprit. Il a été qualifié devant Dieu pour porter les péchés du monde et détruire l'autorité du diable sur l'homme. Il ne vient pas de la semence de l'homme, mais il est né d'une femme par l'œuvre du Saint-Esprit. C'est pourquoi, vous et moi, nous pouvons naître de nouveau et connaître Dieu, ainsi que Jésus-Christ comme Seigneur et Sauveur. Cela a été prophétisé dans la Genèse, un livre de l'Ancien Testament : « Je mettrai l'hostilité entre toi et la femme, entre ta descendance et sa descendance. Celle-ci te meurtrira à la tête et toi, tu la meurtriras au talon » (Ge 3.15).

Le ministère de Jésus

Nous pouvons apprendre de grandes vérités à partir du ministère terrestre de Jésus. Partout où il allait, il pardonnait les péchés des gens. Jésus-Christ donna sa vie pour les pécheurs, afin de leur donner la vie éternelle. Il haïssait le péché, mais aimait les pécheurs. En tout lieu, il guérissait les malades et chassait les démons. Il haïssait les maladies et les démons, mais aimait tous ceux qui en étaient les victimes. Il nourrissait les affamés, donnait de l'espérance aux perdus. Il n'était pas venu pour enseigner la religion, la philosophie ou une connaissance profonde du monde. Mais il était venu sur terre pour sauver tous ceux qui étaient sous l'emprise de la maladie et du désespoir. Jésus-Christ vint sur la terre pour être notre sauveur et Seigneur. Tout au long de son ministère terrestre, il œuvrait pour sauver l'homme.

Une mort affreuse

Jésus souffrit et mourut pour la Rédemption de tous les péchés des hommes. Être abandonné par son père fut pour lui une souffrance supplémentaire lors de sa crucifixion. Il cria : « Mon Dieu, mon Dieu, pourquoi m'as-tu abandonné ? ». Après avoir bu la coupe de souffrance jusqu'à la lie, en rançon pour le rachat des hommes, Jésus proclama que tout était accompli.

Une grande résurrection

Trois jours après sa mort, Jésus-Christ ressuscita d'entre les morts et apparut à ses disciples. Le jour de la Pentecôte, les disciples étaient ensembles dans la chambre haute de Jean. Ils attendaient dans l'obéissance selon la recommandation du Seigneur. Le Saint-Esprit vint sur les cent vingt croyants et ils furent remplis du Saint-Esprit. Maintenant, il est pour chaque chrétien cet autre Consolateur. En ce jour là, tous les disciples, remplis du Saint-Esprit, allèrent vers les gens du monde, pour leur annoncer l'Évangile de Jésus-Christ.

Aujourd'hui, la plus grande des découvertes c'est encore de trouver Jésus-Christ. En effet, quand nous le trouvons et le recevons, nous recevons la vie éternelle et une existence heureuse sur terre.

Il est important de réfléchir sérieusement aux raisons de la venue de Christ et de son ministère terrestre. Pourquoi fallait-il qu'il meur sur la croix et ressuscite. C'est en méditant sur ces faits qu'il vous faudra faire un choix et le recevoir, lui qui donne la vie éternelle. Connaître Jésus-Christ sera la plus grande découverte de votre vie.

3. Découvrir votre nouveau statut en Jésus-Christ

« Aussi, si quelqu'un est en Christ, il est une nouvelle créature. Le monde ancien est passé, voici qu'une réalité nouvelle est là » (2 Co 5.17). Lorsque nous choisissons et acceptons Jésus-Christ comme Sauveur et Seigneur, nous savons à ce moment que nous sommes devenus des nouvelles créatures. A ce propos, la Bible dit : « C'est par Lui que vous êtes dans le Christ Jésus, qui est devenu pour nous sagesse venant de Dieu, justice, sanctification et délivrance » (1 Co 1.30).

Jésus est notre sagesse

Il est écrit dans la Parole de Dieu que Jésus est notre sagesse. Depuis lors, nous savons que les cieux, la terre et toutes choses furent crées par lui. Auparavant nous pensions que tout était le produit de l'humanisme. C'est la raison pour laquelle l'homme prétend qu'il a évolué à partir d'une amibe. Aujourd'hui, l'homme agit encore et vit comme si tout se terminait à sa mort. Mais lorsque nous recevons Jésus-Christ comme notre Sauveur et Seigneur, nous recevons de Lui la sagesse, et le Saint-Esprit nous révèle que Dieu est notre père céleste.

Suite à la nouvelle naissance, nous savons que nous appartenons réellement à Dieu, nous comprenons pourquoi nous vivons et où nous allons après la mort. Et pendant que nous vivons ici-bas, nous apprenons à vivre selon les bénédictions de Dieu. Nous ne nous laissons pas séduire par le diable parce que nous sommes des nouvelles créatures en Jésus-Christ. Ainsi, les bénédictions que Dieu a disposées pour nous sont nôtres à juste titre, car nous sommes des nouvelles créatures en Jésus-Christ.

Jésus notre justice

Jésus est notre justice. Il n'y a pas un seul être ici bas qui soit né juste devant Dieu. Lorsque nous nous tenons devant Dieu et sommes confrontés à ses commandements, nous voyons combien nos péchés sont nombreux, plus que les cheveux de nos têtes. Aussi honteux que puissent être notre passé, notre présent et notre futur, Jésus-Christ est celui qui a offert sa vie sur la croix pour expier tous nos péchés. Il a versé son sang sur la croix et a été brisé comme une offrande expiatoire pour l'homme. Il a réglé le problème du péché une fois pour toutes.

Sur la croix, il a crié : « tout est accompli ». « Tout est accompli » signifie dans la langue grecque, que tout a été payé. Il ne reste plus de dettes. Jésus-Christ a expié devant Dieu tous nos péchés passés et futurs.

C'est pourquoi, quiconque l'accepte comme Sauveur et Seigneur reçoit la justice de Dieu.

Être juste signifie recevoir un nouveau statut en Jésus. C'est être « juste comme si on n'avait jamais commis de péché ». On a été approuvé par Dieu. Il est alors possible de se tenir devant lui sans honte. Mais c'est aussi une nouvelle position dans laquelle les accusations du diable sont sans effet sur nous devant Dieu.

Jésus-Christ notre sainteté

La Parole de Dieu dit que nous avons reçu la justice de Dieu. Celui qui est esclave du péché ne peut pas recevoir, ni obéir aux commandements de Dieu. Cependant, les chrétiens ont été délivrés de l'état de mort pour recevoir la vie. Nous avons été libérés de l'esclavage du diable pour une vie sainte par la puissance du Saint-Esprit. Les dix commandements disent : « Tu n'auras pas d'autres dieux face à moi. Tu ne te feras pas d'idole. Tu ne prononceras pas à tort le nom du SEIGNEUR. Que du jour du sabbat on fasse un mémorial en le tenant pour sacré. Honore ton père et ta mère. Tu ne commettras pas de meurtre. Tu ne commettras pas d'adultère. Tu ne commettras pas de vol. Tu ne témoigneras pas faussement contre ton prochain. Tu ne convoiteras pas la maison de ton prochain ».

Nous étions dans l'impossibilité de suivre tous ces commandements avant de croire en Jésus. Mais après l'avoir reçu, notre esprit a désormais le témoignage du Saint-Esprit que nous sommes devenus des enfants de Dieu. Alors commence une vie sainte d'obéissance aux commandements de Dieu.

Sans la puissance de Jésus-Christ, efficace en nous par le Saint-Esprit, nous ne pourrions jamais échapper à l'orgueil de cette vie, à la convoitise des yeux et de la chair. Mais par le Saint-Esprit qui demeure en nous et qui révèle la justice de Christ pour nous, nous pouvons vivre une vie sainte.

Jésus-Christ est notre rédemption

La parole de Dieu ajoute en outre que Jésus-Christ nous a rachetés et que nous sommes désormais libres. Suite à la désobéissance, Adam et Ève sont devenus les esclaves du mal et toute l'humanité également par héritage. Le péché a entraîné la maladie, la malédiction et la mort. Mais la venue de Jésus – celui qui est sans péché – et sa mort sur la croix ont tout changé. En effet, son corps a été brisé et son sang versé. Il a donné sa vie pour nous racheter et nous ramener au père.

Aujourd'hui, trop de chrétiens disent : « Seigneur, Seigneur », mais ils vivent toujours comme les esclaves du diable. Autrefois, le prophète Osée a dit : « mon peuple est détruit par manque de connaissance » (Os 4.6). Maintenant, Jésus dit : « ...vous connaîtrez la vérité, et la vérité fera de vous des hommes libres » (Jn 8.32).

Je prie maintenant que vous reconnaissiez votre besoin et soyez rachetés par le sang de Jésus-Christ versé sur la croix pour vous. Qu'il vous libère des liens du diable dans vos vies, et qu'ensuite vous viviez libres en Christ. Il est écrit dans Galates 5.1 : « C'est pour que nous soyons vraiment libres que Christ nous a libérés. Tenez donc ferme et ne vous laissez pas remettre sous le joug de l'esclavage ».

Reconnaissons très clairement que par la rédemption de Jésus-Christ, nous ne sommes plus esclaves du diable. Nous avons été délivrés des chaînes du péché. Nous sommes guéris de nos maladies, délivrés de la malédiction. Sachons que nous sommes libres par la rédemption de Jésus-Christ. Il nous faut absolument retenir cette vérité : nous sommes libres de l'esclavage du péché. Reconnaissons cette vérité : Jésus est mort pour nos maladies. Alors, prions par la foi pour être guéris de toutes les maladies qui nous assaillent. Par le nom de Jésus, nous devons chasser le diable.

Nous avons aussi été libérés de la malédiction, du désespoir et de la pauvreté, lesquels n'ont plus de pouvoir sur nous. La bénédiction d'Abraham est également pour nous aujourd'hui. Nous sommes effectivement des enfants de Dieu bénis. Jésus-Christ veut que nous puissions vivre une vie abondante et glorifier le nom du Seigneur.

« Dieu a le pouvoir de vous combler de toutes sortes de grâces, pour que, disposant toujours et en tout du nécessaire, vous ayez encore du superflu pour toute œuvre bonne. Comme il est écrit : Il a distribué, il a donné aux pauvres, sa justice demeure à jamais » (2 Co 9.8-9).

10 Le message du plein Évangile

« Élargis l'espace de ta tente, les toiles de tes demeures, qu'on les distende ! Ne ménage rien ! Allonge tes cordages et tes piquets, fais-les tenir, car à droite et à gauche tu vas déborder : ta descendance héritera des nations qui peupleront les villes désolées. Ne crains pas, car tu n'éprouveras plus de honte, ne te sens plus outragée, car tu n'auras plus à rougir, tu oublieras la honte de ton adolescence, la risée sur ton veuvage, tu ne t'en souviendras plus »

(Esaïe 54.2-4).

Du dix-neuvième au vingtième siècle, jusqu'à la fin de la seconde guerre mondiale, toutes les grandes nations étaient enthousiasmées lorsqu'elles conquéraient des pays plus faibles. Elles établirent des colonies et s'étendirent outre-mer. Tout ceci dans le but de renforcer leur puissance nationale.

Le peuple d'Israël était sorti d'Égypte, car Dieu lui avait donné un pays où coulent le lait et le miel - le pays de Canaan. Il lui donna l'ordre de l'occuper. En effet, c'est ce qu'il fit mais une partie du territoire n'entra pas en sa possession, par un manque total d'obéissance à la parole de Dieu. Le peuple s'était compromis avec les Gentils (les païens) qui vivaient là.

Aujourd'hui, les chrétiens peuvent vivre victorieusement par l'accroissement de leur foi et par une entière obéissance à la parole de Dieu. Comment pouvons-nous accroître notre foi ? Jésus est venu sur terre pour que nous puissions avoir la vie et l'avoir en abondance. Pour nous donner cette vie, son corps fut brisé et son sang versé sur la croix. C'est lorsque nous comptons sur sa mort sacrificatoire sur la croix, que nous pouvons grandir en lui et progresser dans notre vie chrétienne. A partir du texte d'aujourd'hui, j'aimerais aborder le sujet de la croissance de notre foi.

1. Élargis l'espace de ta tente

Votre tente de salut

Dans le verset ci-dessus, l'expression « l'espace de ta tente » signifie une place que Jésus-Christ a préparé pour chacun de nous par sa souffrance sur la croix. Cette espace ou place de la tente est l'expérience que nous faisons de Christ notre salut. Une fois que nous sommes sauvés en acceptant Jésus comme sauveur et Seigneur, nous avons à élargir l'espace de la tente de salut. Il nous faut croître, nous développer, et mûrir dans notre marche par la foi.

Lorsque Adam et Ève ont chuté, le diable déroba à toute l'humanité la protection de Dieu. La race humaine a vécu comme des enfants abandonnés. Leur communion avec Dieu fut coupée. L'homme est condamné à une damnation éternelle sans Dieu. C'est alors que Jésus est venu. Par ses souffrances sur la croix, Il a accompli l'expiation pour les péchés des hommes devant Dieu. Il a réouvert à l'homme un accès pour qu'il puisse s'approcher de Dieu. Il a préparé la tente de salut pour tous. Maintenant, il nous faut occuper cette tente de salut, en mettant notre foi dans le sang de Jésus versé pour nous sur la croix.

Aujourd'hui, le Saint-Esprit exhorte tous les croyants nés de nouveau à élargir leur tente de salut et à progresser dans la grâce et la connaissance de notre Seigneur et Sauveur Jésus-Christ.

Tout récemment, en revenant d'une croisade aux États-Unis, j'ai eu l'occasion de rendre témoignage à une personne qui était assise à mes côtés, dans l'avion. C'était un homme très riche qui souffrait d'une maladie en phase terminale. Aucun docteur, n'ayant pu le guérir en Corée, il partit donc aux États-Unis. Mais le docteur américain qu'il consulta échoua aussi. Sa femme était une chrétienne fervente et me remarqua dans l'avion. Elle m'implora presque de prier pour la guérison de son mari. Ressentant de la compassion pour la famille, je commençai à parler avec le mari. J'ai essayé d'abord de le conduire à Jésus. Comme je discutais avec lui de son besoin d'un sauveur, il résista et me dit ouvertement : « Monsieur, vous croyez en Jésus, c'est bien mais laissez-moi tranquille ».

Je lui répondit : « Vous êtes dans une phase très critique de votre vie en ce moment ».

« Ne m'ennuyez pas. Je refuse de croire. J'ai assez d'argent. Je mangerai et m'habillerai bien. Je vivrai bien jusqu'à la fin de ma vie. Si je dois mourir, je mourrai. Je n'attends rien d'autre. Alors, cessez de me harceler et de me demander de croire en Jésus », me répondit-il durement. J'ai alors cessé de lui rendre témoignage.

Par cet incident, j'ai vraiment réalisé qu'il est plus difficile pour un riche d'entrer dans le ciel que pour un chameau de passer par le trou d'une aiguille. Par contre, j'étais très reconnaissant à Dieu pour mon salut qui ne peut être échangé pas même contre tout l'or du monde. A quoi bon votre renommée, votre richesse, et tout ce que vous accumulez si à la fin vous perdez votre âme ? La durée de notre vie atteint soixante ou quatre-vingt ans, si nous sommes très robustes. Je ressentais beaucoup de compassion pour cet homme qui était indifférent au salut éternel. Il était aveugle à la vérité au sujet de sa vie, mettant seulement sa confiance dans l'argent et la médecine moderne. Arrivé à la maison, j'ai prié seul et le visage de ce pauvre homme était devant mes yeux pendant un long moment. Sa pauvre âme était comme celle de l'homme riche dans l'histoire de l'homme riche et Lazare dans les Évangiles.

Notre salut a été préparé et nous l'avons reçu par le sacrifice du sang précieux de Jésus versé sur la croix. Celui qui ne reçoit pas Jésus-Christ et son salut sera condamné au jour du jugement de Dieu et jeté dans l'étang de feu et de souffre pour l'éternité. La parole de Dieu dit : « ce que sera votre vie, car vous êtes une vapeur, qui paraît un instant et puis disparaît ! » (Ja 4.14) « ne te félicite pas du lendemain car tu ne sais pas ce qu'aujourd'hui enfantera » (Pr 27.1). En fait, comme voyageurs et étrangers sur la terre, nous n'avons pas de quoi nous glorifier. Le seul chemin de la vie qui a une signification pour nous, c'est de recevoir Jésus-Christ comme notre Sauveur et Seigneur personnel. Il nous faut recevoir son salut, élargir la tente de salut dans nos vies et croître dans sa grâce.

Élargissez l'espace de vos tentes afin d'inclure la plénitude de l'Esprit Saint

Élargir l'espace de sa tente signifie être rempli du Saint-Esprit dans le but d'entrer dans une foi plus profonde provenant de la Parole de Dieu. Sans cela, vous ne pouvez pas être illuminés dans les vérités profondes de la Parole de Dieu. Il y a une grande différence entre une foi cérébrale et la foi du cœur. C'est le cas de nombreux chrétiens qui, dans leur tête, ont uniquement emmagasiné des faits concernant le Christ. Ils ne l'ont jamais expérimenté pleinement dans leur cœur parce qu'ils n'ont pas été remplis du Saint-Esprit. L'apôtre Paul a demandé à l'église d'Éphèse « Avez-vous reçu l'Esprit Saint quand vous êtes devenus croyants ? » (Ac 19.2).

Ces croyants étaient bel et bien des chrétiens. Ils étaient sauvés, mais la connaissance de la plénitude de Dieu leur manquait. Dans leur marche chrétienne, ils n'avaient pas de dynamisme, puisqu'ils n'étaient pas remplis du Saint-Esprit.

La situation est analogue aujourd'hui. Quoique sauvés par notre foi en Jésus, nous devons continuellement élargir l'espace de notre tente pour connaître une marche chrétienne dynamique. Nous devons laisser une plus grande place au Saint-Esprit. Les chrétiens qui négligent de reconnaître l'œuvre et le ministère du Saint-Esprit sont à plaindre. Ils perdent des richesses que seul l'Esprit Saint peut leur apporter. La Bible dit clairement : « Jean a bien donné le baptême d'eau, mais vous, c'est dans l'Esprit Saint que vous serez baptisés d'ici quelques jours » (Ac 1.5). Cette promesse est pour tous les chrétiens, élargissons alors nos tentes pour la réception du Saint-Esprit.

Élargissez l'espace de vos tentes afin d'y inclure la guérison

Si parmi les chrétiens modernes quelques-uns encore nient la guérison, Dieu dit clairement : « c'est moi le Seigneur qui te guéris » (Ex 15.26). Dieu ne change jamais. Donc, agrandissons nos tentes pour y inclure la guérison. Lisons dans le prophète Ésaïe : Jésus a porté nos infirmités et nos maladies (Ésaïe 53).

Jésus veut sincèrement guérir nos blessures de cœur et nos maladies physiques. C'est une bonne raison pour élargir nos tentes afin d'y inclure la guérison. En effet, dans cette tente se trouvait une place pour la guérison, mais celle-ci a été squattée par le diable. Il a dérobé cette grâce à l'Église depuis trop longtemps.

Il y a quelques années, lors d'une croisade en Floride, j'ai assisté à la guérison miraculeuse d'un homme d'âge moyen, aveugle. Il louait Dieu de tout son cœur. Jésus avant son ascension a dit : « Voici les signes qui accompagneront ceux qui auront cru : en mon nom, ils chasseront les démons, ils parleront des langues nouvelles, ils prendront dans leurs mains des serpents, et s'ils boivent quelque poison mortel, cela ne leur fera aucun mal ; ils imposeront les mains à des malades, et ceux-ci seront guéris » (Mc 16.17-18).

Élargissez l'espace de vos tentes afin d'y inclure la prospérité

Parmi les chrétiens, certains soutiennent que les enfants de Dieu devraient être pauvres. Ils rationalisent en prétendant qu'une vie de misère, d'échec continuel est une grande aide pour mener une vie plus sainte. Pourtant, Jésus nous a rachetés de toutes malédictions par ses souffrances sur la croix. Les Écritures déclarent :

« Vous connaissez en effet la générosité de notre Seigneur Jésus-Christ qui, pour vous, de riche qu'il était, s'est fait pauvre, pour vous enrichir de sa pauvreté » (2 Cor 8.9). « Christ a payé pour nous libérer de la malédiction de la loi, en devenant lui-même malédiction pour nous, puisqu'il est écrit : Maudit quiconque est pendu au bois. Cela pour que la bénédiction d'Abraham parvienne aux païens en Jésus-Christ, et qu'ainsi nous recevions, par la foi, l'Esprit, objet de la promesse » (Gal 3.13-14). Maintenant, par la grâce de Jésus-Christ reprenons la place de la prospérité squattée par le diable illégalement. Nous devons rejeter la pauvreté et la malédiction dans nos vies et vivre dans l'abondance en Christ. Élargissons donc l'espace de nos tentes pour y inclure la prospérité.

Élargissez l'espace de vos tentes afin d'y inclure le retour de Jésus et le royaume des cieux

La parole de Dieu est suffisamment claire concernant le second avènement de Christ : « Car lui-même, le Seigneur, au signal donné, à la voix de l'archange et au son de la trompette de Dieu, descendra du ciel : alors les morts en Christ ressusciteront d'abord ; ensuite nous, les vivants, qui seront restés, nous serons enlevés avec eux sur les nuées, à la rencontre du Seigneur, dans les airs, et ainsi nous serons toujours avec le Seigneur » (1 Th 4.16-17).

Le Seigneur nous assure la vie éternelle dans les cieux avec notre Père céleste. Aujourd'hui, que voyons-nous sinon de nombreuses guerres sans fin, des rumeurs de guerre, des famines, des tremblements de terre. C'est vraiment une situation totalement désespérante pour tous les hommes de par le monde. Ce monde ne peut proposer à l'homme aucune espérance solide pour demain. Malgré toutes ces turbulences mondiales, les chrétiens ont toujours la foi que Christ va revenir une seconde fois pour les prendre afin de vivre éternellement avec Lui. Aussi, faisons de la place dans nos tentes, préparons-nous, attendons avec impatience son retour imminent.

Le message du plein Évangile proclame ces cinq bénédictions tirées de l'Évangile :

Recevoir Jésus comme Sauveur, la plénitude du Saint-Esprit, la guérison, la bénédiction d'Abraham, le retour de Jésus avec le royaume des cieux. Nous ne laisserons jamais rien nous empêcher d'élargir nos tentes pour y inclure ces cinq bénédictions. Ces bénédictions sont à nous à juste titre, acquises par le sacrifice de Jésus versant son sang au Calvaire.

2. Fais de la place. Les toiles de tes demeures qu'on les distende ! Ne ménage rien

Autrefois, une tente faite de toile servait de demeure pour les peuples nomades. Ces toiles étaient confectionnées soigneusement et préparées de main de maître pour constituer une habitation sûre. Ils les habitaient pendant toute leur vie.

Aujourd'hui, la vie par la foi d'un chrétien peut être comparée à la vie dans une de ces tentes. La tente était un abri provisoire. Ici-bas, nous vivons aussi comme des passagers. Une demeure éternelle nous attend dans les cieux auprès de Jésus. La tente était faite de plusieurs toiles tendues sur des supports rigides. Cela formait un tout. Pareillement, nos vies sont en sécurité en Christ. Mais il est nécessaire de mettre en pratique les principes bibliques pour la croissance et le développement. Notre vie par la foi s'apparente au fait de loger sous une tente.

Notre vie est en sécurité en Christ, c'est le message du plein Évangile. En effet, nous recevons de lui les bénédictions physiques, spirituelles, et des circonstances bénies. Un certain nombre de chrétiens peuvent les critiquer, quand bien même ce sont des privilèges découlant de notre salut. Cependant, nous croyons fermement que tout cela est pour tous les croyants. Jésus-Christ par son œuvre à la croix les a mises à la portée de tous. C'est en menant une vie en conformité avec les enseignements de la Parole de Dieu, que nous tendons nos toiles, afin de recevoir de Dieu tout ce que nous pouvons espérer selon notre foi.

La toile de la tente de l'Esprit

La croissance des chrétiens ne se fait pas automatiquement. Ils doivent élargir leur tente spirituelle. Ils sont devenus des enfants de Dieu, bénis grâce à la mort et la résurrection de Jésus. Leurs péchés ont été pardonnés. Ils ont reçu la vie éternelle et sont devenus justes aux yeux de Dieu. Le Saint-Esprit, qui était à l'œuvre dès le commencement pour les conduire à Jésus, est celui qui les guide dans les différentes étapes de leur vie chrétienne. Dorénavant, ils peuvent être continuellement en communion avec Dieu, sous la conduite du Saint-Esprit. Avec les bénédictions de Dieu abondant en eux, ils doivent élargir leurs capacités spirituelles en ayant une faim plus grande de Dieu. En priant chaque jour diligemment, en étudiant la parole de Dieu assidûment, en adorant Dieu avec ferveur, le Saint-Esprit augmentera encore plus notre appétit spirituel. Avec tout cela, ces croyants grandiront, se développeront et mûriront dans la foi chrétienne. Oui, lorsque nous faisons tout ce qui est en notre pouvoir en obéissant à la parole de Dieu, le Saint-Esprit fait en sorte que nous puissions aller plus loin. Ainsi, nous croîtrons plus vigoureusement dans la sagesse et la connaissance de Dieu.

La toile de la tente du corps

Il n'y a pas de trésor plus précieux pour une personne qu'une bonne santé. Lorsque nous jouissons d'une bonne santé physique, nous devons continuellement rendre grâce à Dieu. En effet, lorsque vous êtes bien portant, il faut profiter de cette condition favorable pour prier pour la guérison. Mais si vous tombez malade, vous devez vous humilier devant Dieu, examiner votre cœur et permettre au Saint-Esprit de vous briser et de vous révéler tout péché ou désobéissance. La repentance est une nécessité dans la vie de chaque chrétien. Rappelons-nous que la vie par la foi est comme une vie vécue sous une tente provisoire. Cette tente déployée abrite bien des choses : la bonne santé, la guérison quand on en a besoin et la diligence à prendre soin du temple de Dieu. Veillons à l'excès de nourriture et de travail, pour tenir nos corps en bonne santé. Apprenons à vivre sagement.

La toile de la tente de nos vies

Nous lisons dans 3 Jean 2 : « Cher ami, je souhaite que tu te portes bien à tous égards, et que ta santé soit bonne ; qu'il en aille comme pour ton âme qui, elle, se porte bien ». L'apôtre Jean nous rappelle que c'est la volonté de Dieu que nous jouissions de la prospérité matérielle, d'une bonne santé et du salut de l'âme. La Bible renferme d'autres déclarations allant dans ce sens. Telle est la volonté de Dieu et Dieu ne fait pas acception de personnes. Ces bénédictions abondent chez les chrétiens dont la vie est centrée sur Dieu et qui œuvrent pour sa cause en toute honnêteté, sincérité et diligence.

Mais il attend de nous également que nous partagions ces bénédictions avec d'autres, notamment ceux qui sont dans une condition précaire et qui n'ont pas reçu les mêmes bénédictions que nous. Nous devons tendre les toiles de nos demeures quotidiennes pour héberger ceux-là.

3. Car à ta droite et à gauche tu vas déborder

Nous lisons dans le livre des Proverbes 29.18 : « quand il n'y a plus de vision, le peuple est sans frein ». Des visions et des rêves magnifiques font partie de notre marche chrétienne. Le Saint-Esprit les place dans nos cœurs pour nous encourager dans l'exercice de notre foi. Toute l'activité de l'homme se divulgue par ses rêves. Si un étudiant n'a ni plan, ni rêve pour son avenir, il finira par ne plus étudier et devenir paresseux. Si un homme d'affaires n'a pas de rêve, il n'en fera qu'à sa tête et finira par perdre sa fortune du fait de son manque de projets et d'objectifs. Lorsqu'une nation manque de vision pour sa croissance ou si elle la perd, elle deviendra sous-développée ou elle chutera. D'autres nations l'engloutiront. Les rêves et les visions que le Saint-Esprit place en nous sont très importants pour nos vies.

De nos jours les gens ont des difficultés. Ils sont sur un fondement instable économiquement et socialement. Pourtant les individus ou les nations qui ont des rêves d'avenir n'abandonneront jamais l'espoir. Ils travailleront inlassablement jusqu'à la concrétisation visible de leurs rêves.

Joël 2.28 parle de visions et des rêves : « après cela, je répandrai mon Esprit sur toute chair. Vos fils et vos filles prophétiseront, vos vieillards auront des songes, vos jeunes gens auront des visions ».

Depuis que le Saint-Esprit est venu, tous les chrétiens sont encouragés par des visions et des rêves. Ils entrent dans une étape nouvelle, plus profonde avec Dieu, parce qu'ils œuvrent selon ce que le Saint-Esprit a placé dans leur esprit. Oui, la puissance fondamentale pour surmonter les épreuves provient du cœur. Même si vous ne voyez pas de vos yeux, ni ne touchez de vos mains, et quand bien même vous manquez de faits évidents sur l'objet de votre attente, ne devenez pas prisonnier de vos circonstances. Continuez à rêver et à travailler en vue de l'accomplissement de votre rêve. C'est en entretenant aujourd'hui le rêve d'un lendemain meilleur que vous serez fort demain. Ceux qui rêvent d'un futur glorieux et qui travaillent dans ce sens peuvent triompher avec succès de toute difficulté dans la vie. Je prie pour vous, pour que vous ayez une vie plus abondante selon les trois bénédictions du salut et les cinq bienfaits du message de l'Évangile.

4. Ta descendance héritera des nations qui peupleront les villes désolées

Pendant que nous étendons la place de notre tente, élargissons et déployons les toiles de l'habitation de notre vie par la foi, nous devons également prêcher l'Évangile à toutes les nations. Il s'agit d'obéir au mandat divin que Jésus a laissé à ses disciples avant de retourner auprès de son père. Toutefois, si nous sommes dans l'impossibilité d'aller prêcher, alors soutenons par nos biens ceux qui peuvent partir. Aujourd'hui, le monde entier est impatient d'écouter le message puissant de l'Évangile qui sera apporté par les chrétiens coréens. Les Européens vivent dans l'ère post-chrétienne. Les églises ne sont plus que des vestiges historiques pleins de bancs vides. Les gens errent çà et là, les cœurs assoiffés ; ils cherchent l'eau vive mais ne savent pas où la trouver. Qui se lèvera pour aller proclamer le message du Christ vivant à ceux qui se meurent ? Puisque la porte du royaume des cieux a été ouverte pour nous, et que le Saint-Esprit et ses grâces ont été répandus sur nous, nous sommes mandatés de porter l'Évangile à toutes les nations, à ceux qui n'ont rien. Si vous avez été bénis, mais que vous négligiez de partager cette bénédiction avec votre prochain, votre bénédiction disparaîtra. Luc nous rappelle dans son Évangile 6.38 : « Donnez et on vous donnera ; c'est une bonne mesure, tassée, secouée, débordante qu'on vous versera dans le pan de votre vêtement, car c'est la mesure dont vous vous servez qui servira aussi de mesure pour vous ».

La loi du royaume des cieux consiste à donner premièrement et à recevoir ensuite. Plus nous donnons dans les domaines des choses matérielles, des grâces spirituelles, de l'amour, de la foi et de l'espérance et plus nous recevrons abondamment. Si nous témoignons, nous vivrons ; mais si nous ne le faisons pas nous mourrons. Lisons la prophétie dans le livre d'Ésaïe 54.3 : « car à droite et à gauche tu vas déborder : ta descendance héritera des nations qui peupleront les villes désolées ».

Partout où l'Évangile de Jésus-Christ a pénétré la vie des individus ou des nations lors de sa proclamation, le royaume des cieux à ouvert les cœurs ! La tente céleste a été élargie et les bénédictions pour la vie de chaque jour ont été répandues sans mesure. C'est pourquoi, nous chrétiens, nous devons évangéliser le monde par toutes nos forces – « un à un », la famille, par les cellules de maison et par l'église - , par tous les moyens possibles.

Plusieurs chrétiens, de par le monde, demandent encore, « quel est le message du plein Évangile ? » Le message du plein Évangile est basé sur les cinq bénédictions de l'Évangile : le salut, la guérison, la bénédiction d'Abraham, la plénitude du Saint-Esprit et le second avènement de Jésus. Relevez le défi. Ayez la foi pratique des trois bénédictions (voir ci-dessus) et vivez victorieusement par les rêves et les visions que le Saint-Esprit vous donne. Allez de l'avant pour annoncer Jésus au monde jusqu'à ce qu'il revienne.

La parole de Dieu nous ordonne d'élargir l'espace de notre tente, d'agrandir l'espace, les toiles de nos demeures, qu'on les distende. Ne ménage rien ! Allonge tes cordages, car à droite et à gauche tu vas déborder : ta descendance héritera des nations qui peupleront les villes désolées. Ma prière est que vous receviez l'ordre de Dieu et que vous le viviez en conséquence.

11 Pourquoi devons-nous prier ?

Jésus leur dit une parabole sur la nécessité pour eux de prier constamment et de ne pas se décourager. Il leur dit : « Il y avait dans une ville un juge qui n'avait ni crainte de Dieu ni respect des hommes. Et il y avait dans cette ville une veuve qui venait lui dire : Rends-moi justice contre mon adversaire. Il s'y refusa longtemps. Et puis il se dit : Même si je ne crains pas Dieu ni ne respecte les hommes, eh bien ! Parce que cette veuve m'ennuie, je vais lui rendre justice, pour qu'elle ne vienne pas sans fin me casser la tête. Le Seigneur ajouta : Écoutez bien ce que dit ce juge sans justice. Et Dieu ne ferait pas justice à ses élus qui crient vers lui jour et nuit ? Et il les fait attendre ! Je vous le déclare : il leur fera justice bien vite. Mais le Fils de l'homme, quand il viendra, trouvera-t-il la foi sur la terre ? »

(Lc 18.1-8).

Tout individu sur terre prie lorsqu'il est près de la mort. Nous prions tous quand nous nous trouvons dans des situations difficiles. C'est l'une des raisons pour laquelle, le sujet de la prière concerne tous les hommes. Pour les enfants de Dieu, elle est comme la respiration. Il nous faut respirer l'air de l'atmosphère pour vivre, sans quoi nous courons le risque de mourir. De même, les chrétiens qui ne prient pas finissent par manquer d'air et par mourir spirituellement.

Lors de sa vie terrestre, notre Seigneur commença son ministère par la prière et un jeûne de quarante jours et quarante nuits. Les Évangiles nous rapportent qu'il mettait un temps à part pour être seul dans la prière. Il a entretenu une vie de prière jusqu'à la fin, même à l'heure de sa mort sur la croix, à Golgotha.

Aujourd'hui, nous vivons dans la plus périlleuse des époques. Dans ces temps de la fin, le diable rôde comme un lion rugissant. Il cherche quelqu'un à dévorer. Par toutes sortes de stratagèmes, son intention est de dévorer les élus de Dieu. Ce qui est sûr, c'est que les chrétiens doivent prier sérieusement, s'ils veulent mener une vie par la foi et triompher du diable. Il en va de leur survie. Nous ne comprendrons pas non plus la parole de Dieu, si nous ne prions pas. Nous serons infructueux dans notre marche chrétienne, si nous négligeons la prière.

J'aimerais partager avec vous sur le sujet de la relation entre la vie chrétienne et la prière.

1. La relation de la prière et la vie intérieure du chrétien

La prière apporte la repentance

Quiconque fléchit les genoux devant Dieu dans la prière et lui ouvre son cœur sera par l'action du Saint-Esprit convaincu de son péché et se repentira. La prière commence toujours par une repentance personnelle.

Tant qu'ils sont sur terre, tous les hommes même s'ils sont chrétiens , commettent des péchés, violent et transgressent les lois de Dieu. Nous manquons clairement d'obéissance vis à vis de la parole de Dieu. Que ce soit de manière délibéré ou non, nous commettons des fautes. C'est là que la prière nous aide à nous voir tels que nous sommes, tel que Dieu nous voit. Alors nous nous repentons de nos péchés et de tout mal.

La prière conduit au brisement de notre « moi »

La prière conduit aussi au brisement de notre moi et de notre entêtement. Dans notre temps de prière, alors que nous nous adressons à notre Père céleste, créateur des cieux, de la terre, et tout ce qui s'y trouve, notre moi est anéanti devant lui, comme les fortes vagues de l'océan qui se fracassent sur la côte. La vie par la foi ne se vit pas en ramenant Dieu à notre niveau, mais en nous humiliant devant Lui pour être élevé vers son infinité. Nous devons uniquement compter sur lui et non sur nos « ego ». Mais il nous faut également coopérer avec le Saint-Esprit. C'est lui qui produit le brisement, conduit vers Dieu. Tout cela est le résultat de la prière fervente. La prière nous conduit à Dieu. Elle nous aide à centrer nos vies sur Lui. La parole de Dieu dit : « Ne vous conformez pas au monde présent, mais soyez transformés par le renouvellement de votre intelligence, pour discerner quelle est la volonté de Dieu : ce qui est bien, ce qui lui est agréable, ce qui est parfait » (Ro 12.2). Sans la prière nous ne saurons pas discerner quelle est la volonté de Dieu, ce qui est bon, ce qui est agréable, ce qui est parfait.

La prière est une nécessité pour les enfants de Dieu s'ils veulent réellement vivre une vie spirituelle victorieuse. Prier, ce n'est pas ces quelques minutes prises pour présenter à Dieu plusieurs de nos requêtes. Le chrétien qui aspire au brisement, à être plus proche de Dieu, à vivre plus intimement dans la grâce, devrait passer au moins une bonne heure dans la prière chaque jour.

La prière met en nous le désir d'accepter la volonté de Dieu

Ce n'est pas facile pour nous de prier au moins une heure par jour. Lorsque nous nous agenouillons pour prier, une foule de pensées et bien des choses nous distraient dans notre concentration. Il nous faut alors résister afin que la rébellion de la chair et la confusion soient vaincues dans notre esprit. La destruction de ces forteresses du diable rétablira la communion avec Dieu par sa grâce.

En outre, plus notre esprit s'élance dans la prière, plus nous sommes en mesure par la grâce de Dieu, de mieux cerner sa volonté et d'avoir le désir de l'accomplir.

Pour moi, la prière est l'un des fardeaux les plus lourds à porter dans mon ministère. Cependant, j'en fais ma priorité car je sais que c'est la volonté de Dieu de prier. Pendant mes croisades à l'étranger je passe au moins trois heures dans la prière pour une heure de ministère sur la chaire. Quand je dois prier pendant trois heures en position assise ce n'est pas facile. Lorsque j'exerce mon ministère au Japon, à cause de la grande opposition du diable je prie cinq heures avant chaque rencontre. Le samedi, je passe au moins quatre heures dans l'intercession pour le ministère du lendemain, car la prédication de la parole de Dieu ouvre la porte au Saint-Esprit et à sa puissance de libération dans les personnes. Il ne faut pas le confondre avec la sagesse humaine, le savoir, ni l'humanisme.

Bref, lorsque l'homme prie, il est convaincu de son péché et brisé devant Dieu. Il ne peut aucunement triompher du monde par des méthodes et des calculs humains. Toutefois, c'est par la puissance du Saint-Esprit qu'il est fortifié, pour mener une vie victorieuse et marcher constamment avec le Seigneur.

2. La relation entre la prière et le diable

La prière est une arme contre le diable

Par la prière, nous pouvons désarmer le diable et il fuira. La Bible dit : « Ce n'est pas à l'homme que nous sommes affrontés, mais aux Autorités, aux Pouvoirs, aux Dominateurs de ce monde de ténèbres, aux esprits du mal qui sont dans les cieux » (Ép 6.12).

Les esprits du mal ne sont pas des êtres physiques et ne peuvent donc pas être combattus par des moyens et des méthodes charnels. Seule la prière reste l'ultime arme dans ce genre de conflit.

Daniel a vaincu la puissance du diable par une prière persévérante de vingt et un jours. Il obtint l'exaucement de sa requête par sa persévérance, tout en se fortifiant en

Dieu. L'ange, qui lui apporta la réponse lui dit : « Ne crains pas, Daniel, car depuis le premier jour où tu as eu à cœur de comprendre et de t'humilier devant ton Dieu, tes paroles ont été entendues, et c'est à cause de tes paroles que je suis venu. Le Prince du royaume de Perse s'est opposé à moi pendant vingt et un jours, mais voici que Michel, l'un des Princes de premier rang, est venu à mon aide, et je suis resté là auprès des rois de Perse. Je suis venu te faire comprendre ce qui arrivera à ton peuple dans l'avenir, car il y a encore une vision pour ces jours-là » (Da 10.12-14).

Ce passage prouve que, si nos prières sont montées vers Dieu, assis sur son trône, les forces du mal font en sorte que la réponse tarde à arriver. Pour les vaincre, il faut persévérer dans la prière jusqu'à ce que l'assurance vienne dans notre cœur pour confirmer que nos prières sont exaucées. Daniel ne se laissa pas gagner par le découragement, après un jour de prière. Il persévéra et cela pendant vingt et un jours. En conséquence, il renversa les forteresses du diable et fût exaucé.

Nous devons connaître notre ennemi, le diable, celui qui s'oppose aux réponses de Dieu et empêche qu'elles ne nous parviennent. Lorsque les exaucements à nos prières sont retardés, ne nous décourageons pas, pensons à Daniel. Nous devons prier Dieu.

La prière rend incapable le diable

Un jour Jésus prit avec lui trois de ses disciples, Pierre, Jacques et Jean. Il monta sur la montagne, pendant que les neuf autres disciples les attendaient dans le village. Aussitôt, une foule nombreuse se rassembla autour des neufs. Les scribes étaient là aussi et se mirent à les questionner. Dans la foule, il y avait un homme. Il emmena son fils aux disciples pour qu'ils puissent le délivrer d'un esprit qui le rendait muet. Mais les disciples ne réussirent pas à le chasser. La foule commença à se moquer d'eux. Jésus, après avoir constaté la faillite de ses disciples, commanda avec sévérité à l'esprit mauvais : « esprit sourd et muet, je te l'ordonne, sors de cet enfant et n'y rentre plus ». Immédiatement, l'esprit sortit de l'enfant. Plus tard, les disciples, seuls avec lui, lui demandèrent : « et nous, pourquoi n'avons-nous pas pu chasser cet esprit ? Il leur dit : Ce genre d'esprit, rien ne peut le faire sortir, que la prière » (Mc 9.29). Cette parole nous montre que si nous prions beaucoup, nous serons remplis de la puissance de Dieu, et nous rendrons impuissantes les forteresses du diable.

Les démons sont des êtres spirituels. On ne peut les voir physiquement, mais on peut les sentir. Ils sont farouchement déterminés à détruire nos vies, nos maisons, et nos bonnes circonstances. Pour nous opposer à ces machinations, il nous faut prier. C'est la raison pour laquelle nous devons prier sans cesse.

Après être sorti d'Égypte, le peuple d'Israël a combattu contre l'armée d'Amaleq avant de s'emparer de Canaan. La bataille était féroce au point que Moïse prit avec lui Aaron et Hour et monta sur le sommet de la colline pour prier. Quand Moïse élevait les mains, Israël était le plus fort ; quand il les abaissait à cause de la fatigue, Amaleq était le plus fort. Aaron et Hour, chacun d'un côté, lui soutenaient les mains. Ainsi, ses mains tinrent ferme dans la prière jusqu'à la victoire finale. Cela nous montre clairement que vous et moi pouvons faire barrage aux forces de l'ennemi par la prière constante et persévérante. C'est la raison pour laquelle les chrétiens doivent prier sans cesse pour leurs besoins, leurs familles, et leur église. Lorsque des personnes unies, prient ensemble pour leur nation, elles auront aussi la victoire sur la crise nationale.

Durant la seconde guerre mondiale, une élite de trois cent mille soldats britanniques était complètement encerclée dans le port de pêche d'une ville française par une unité allemande hautement blindée. Auparavant, avant que n'arrive cette crise, les Anglais avaient tenu une réunion nationale de prière. Ils se sont tournés vers Dieu. Le dernier à le faire fut le Premier ministre Winston Churchill à la chaire de la cathédrale de Westminster. Mais, il y avait aussi les ouvriers qui priaient dans leur usine, les ménagères à leur domicile, les étudiants dans leur école. Étrangement, le temps en France changea. Une pluie torrentielle se mit à tomber durant les jours d'attaques prévus par l'ennemi. Dieu avait entendu et exaucé leurs prières. En conséquence, trois cent mille soldats britanniques s'en sortirent sains et saufs. Cet événement exceptionnel a été consigné dans le registre du fichier de guerre de l'histoire britannique. Ma prière est que tout chrétien puisse savoir que la prière est l'unique moyen par lequel les forces du diable sont brisées.

3. La relation entre la prière et le Saint-Esprit

La prière permet au Saint-Esprit de faire des œuvres puissantes pour Dieu. Lorsque Jésus retourna au ciel, ses disciples, saisis de crainte et d'anxiété, oublièrent la prière. Chacun alla son chemin pour trouver sécurité et avenir. Quoique Jésus les ait enseignés concernant le royaume des cieux, ils n'avaient pas réussi à conduire au Seigneur une seule nouvelle âme, ni guérir un seul malade. Tout a changé lorsque, dans la chambre haute de

Jean Marc, ensembles, ils ont prié. En effet, ils furent tous remplis du Saint-Esprit et se mirent à parler diverses langues. C'est alors que le Saint-Esprit a donné aux disciples la puissance de communiquer l'Évangile. Le résultat fut impressionnant puisque après trois cent ans, tout l'empire romain s'inclina devant Jésus-Christ. L'histoire de l'Église nous rapporte que l'Évangile fut prêché dans le monde entier.

La prière est le moyen par lequel les chrétiens peuvent être en communion avec le Saint-Esprit. Lorsque nous prions sans cesse, la puissance surnaturelle du Saint-Esprit vient sur nous. Sans connaître la langue anglaise, nous ne pouvons pas communiquer avec un anglais. De même, si nous ne prions pas nous ne pouvons pas être remplis du Saint-Esprit, ni connaître la puissance du royaume des cieux. Seul le Saint-Esprit peut nous faire connaître Jésus-Christ comme notre Sauveur et Seigneur. Il nous révèle les vérités cachées de Dieu et fait en sorte que nous soyons fervents pour Dieu.

Ces derniers temps, on enregistre une croissance phénoménale des églises chrétiennes en Corée. Intéressé, le reste du monde s'interroge en voyant cela. Ce qu'il faut savoir, c'est que ces églises ont débuté avec des prières ferventes à Pyongyang (lieu situé dans le nord de la Corée) dans une église d'anciens, dirigée par un ancien nommé Gil Sun Joo de l'église de Jae Dae Jyun. Depuis, curieusement, toutes les églises continuent à croître. Ces églises chrétiennes ont un bel avenir devant elles, puisqu'elles continuent à se tourner vers Dieu, dans la prière très tôt le matin, durant les nuits de prières, et par des jeûnes. Sans la prière, le royaume des cieux ne peut pas s'étendre de l'Est à l'Ouest. Sans prière, il n'y a pas le témoignage des grandes œuvres du Saint-Esprit.

4. Dieu répond à la prière lorsque nous prions

La Parole de Dieu nous enseigne à prier

> *« Invoque-moi, je te répondrai, je te révélerai de grandes choses, des choses inaccessibles que tu ne connais pas »*
>
> **(Jé 33.3).**

> *« Tout ce que vous demanderez en mon nom, je le ferai, de sorte que le Père soit glorifié dans le Fils »*
>
> **(Jn 14.13).**

> *« Vous ne possédez pas parce que vous n'êtes pas demandeurs »*
>
> **(Ja 4.2).**

Ces textes nous disent très clairement que pour recevoir il nous faut demander. Dans les Évangiles, il nous est rapporté l'histoire d'un juge, dans une ville, qui ne révérait pas Dieu et, n'avait d'égards pour personne. Il y avait aussi, dans cette même ville, une veuve qui venait constamment le trouver pour lui dire : « Rends-moi justice contre mon adversaire ». Pendant longtemps, il refusa. Mais il finit par se dire : « Même si je ne crains pas Dieu ni ne respecte les hommes, eh bien ! parce que cette veuve m'ennuie, je vais lui rendre justice, pour qu'elle ne vienne pas sans fin me casser la tête ». Et le Seigneur ajouta : « et Dieu ne ferait pas justice à ses élus qui crient vers lui jour et nuit ? » (Lc 18.7).

La veuve nous donne ici une leçon, en montrant qu'il est nécessaire de prier constamment, sans jamais se décourager. Il ne suffit pas de prier deux ou trois fois, puis de cesser de le faire par la suite car l'exaucement semble ajourné. Cela démontre un manque de compréhension de ce qu'est la prière. Nous ne pouvons pas recevoir d'exaucements si nous ne prions pas diligemment. Mais prions promptement. Ainsi, nous recevrons l'exaucement selon nos besoins.

La patience est révélatrice. En effet, elle révèle si nous avons la foi ou pas. Il ne s'agit pas simplement de crier : « oui, je crois... » tout en étant impatient dans l'attente d'une réponse. Une telle attitude montre l'immaturité de la foi.

Même si sur le coup, nous ne voyons pas, ne touchons pas, n'entendons pas les choses pour lesquelles nous demandons à Dieu d'agir, persévérons car tôt ou tard Dieu, qui voit notre foi, répondra avec abondance.

Lorsque je voyage dans d'autres pays pour donner des séminaires au sujet de la croissance de l'église, la question fondamentale posée par les pasteurs est : « Quel est le secret majeur de la croissance de la Yoido Full Gospell Church (l'église du plein évangile de Yoido) ? ». Ma réponse est toujours la même, « c'est la prière ». Il n'y a pas d'autres secrets pour la croissance de l'église. Quand les chrétiens prient, l'œuvre du Saint-Esprit est manifeste ! Les puissances du mal sont détruites et les circonstances changent.

La tâche principale du chrétien est la prière. Nous devons prier dans nos maisons et à l'église. Nous devons le faire pour nous-mêmes, nos maisons, les nations et les missions mondiales. La prière est le plus grand privilège et la plus grande responsabilité accordés aux enfants de Dieu.

Dieu a élu les églises coréennes pour qu'elles aillent dans le monde pour annoncer le royaume des cieux. C'est ce qu'il faut faire et non rester chez soi pour garder ces bénédictions. Toutes les nations se réveillent et nous lancent un appel à l'aide comme les Macédoniens ont appelés l'apôtre Paul dans une vision.

Il y a plusieurs mois de cela, je suis allé à Sacramento pour enseigner à des pasteurs les principes de la croissance de l'église. Mes interventions, le matin, étaient pour eux. Le soir, je m'adressais à un public plus large. Les chrétiens qui assistaient à ces rencontres s'attendaient au même réveil que celui que nous vivons en Corée. Je crois que Dieu a un plan pour les églises coréennes : une mission mondiale. Dieu répondra à nos prières constantes.

Oui, les chrétiens ont la responsabilité de prier. Pour une vie profonde de prière, il nous faut au moins prier une heure par jour. En le faisant, nous serons remplis du Saint-Esprit, l'ennemi sera désarmé, et le contact avec Dieu sera établi. Partout où nous irons, nous connaîtrons la prospérité spirituelle, physique et circonstancielle.

Jésus-Christ est le même hier, aujourd'hui et éternellement. Pour toujours, il sauve les âmes, guérit les malades, chasse les démons, et change les circonstances défavorables en circonstances favorables, suite aux prières des chrétiens.

Il cherche maintenant des hommes et des femmes qui veulent se lever pour prier.

12 La course d'obstacles de la vie

« Le SEIGNEUR adressa la parole à Moïse : "Dis aux fils d'Israël de revenir camper devant Pi-Hahiroth, entre Migdol et la mer - c'est devant Baal-Cefôn, juste en face, que vous camperez, au bord de la mer. Alors le Pharaon dira des fils d'Israël : Les voilà qui errent affolés dans le pays ! Le désert s'est refermé sur eux ! J'endurcirai le cœur du Pharaon, et il les poursuivra. Mais je me glorifierai aux dépens du Pharaon et de toutes ses forces, et les Égyptiens connaîtront que c'est moi le SEIGNEUR." Ils firent ainsi. On annonça au roi d'Égypte que le peuple avait pris la fuite. Le Pharaon et ses serviteurs changèrent d'idée au sujet du peuple et ils dirent : "Qu'avons-nous fait là ? Nous avons laissé Israël quitter notre service !" Il attela son char et prit son peuple avec lui. Il prit six cents chars d'élite, et tous les chars

d'Égypte, chacun avec des écuyers. Le SEIGNEUR endurcit le cœur du Pharaon, roi d'Égypte, qui poursuivit les fils d'Israël, ces fils d'Israël qui sortaient la main haute. Les Égyptiens les poursuivirent et les rattrapèrent comme ils campaient au bord de la mer - tous les attelages du Pharaon, ses cavaliers et ses forces - près de Pi-Hahiroth, devant Baal-Cefôn. Le Pharaon s'était approché. Les fils d'Israël levèrent les yeux : voici que l'Égypte s'était mise en route derrière eux ! Les fils d'Israël eurent grand-peur et crièrent vers le SEIGNEUR. Ils dirent à Moïse : "L'Égypte manquait-elle de tombeaux que tu nous aies emmenés mourir au désert ? Que nous as-tu fait là, en nous faisant sortir d'Égypte ?

Ne te l'avions-nous pas dit en Égypte : Laisse-nous servir les Égyptiens ! Mieux vaut pour nous servir les Égyptiens que mourir au désert."

Moïse dit au peuple : "N'ayez pas peur ! Tenez bon ! Et voyez le salut que le SEIGNEUR réalisera pour vous aujourd'hui. Vous qui avez vu les Égyptiens aujourd'hui, vous ne les reverrez plus jamais. C'est le SEIGNEUR qui combattra pour vous. Et vous, vous resterez cois !" »

(Ex 14.1-14).

Parmi les différentes courses, la course d'obstacles est la plus difficile à faire. Les concurrents doivent non seulement courir, mais également surmonter des obstacles de tout niveau pour atteindre la ligne d'arrivée. Dans cette épreuve, ceux qui décrochent ou abandonnent à cause des obstacles font du tort à leur corps, et ils sont disqualifiés. Mais pour achever la course en toute sécurité et rapidement, chaque participant se doit de franchir avec constance, une étape après l'autre.

Pareillement, notre vie par la foi ressemble à une course aux multiples obstacles qui doivent être surmontés, sur le chemin, afin d'atteindre la ligne d'arrivée. Toutefois, nous ne sommes pas dans une course ordinaire. Notre but, ou ligne d'arrivée, est « dans le royaume des cieux ». Nous courons dans le but de remporter la course de la vie.

Il faut noter que les incroyants ont aussi leur course et doivent surmonter des obstacles. De part et d'autre nous avons tous, à un moment de notre existence, eu un complexe de culpabilité, ressenti de la condamnation, du vide, de l'inutilité et un sentiment de mort. Mais, dans la vie, il faut aller au-delà de tout cela pour atteindre le but. Sinon de telles vies seraient aussi futiles que des bulles sur la surface de l'eau.

Chrétiens et incroyants, ils nous faut franchir avec succès ces inévitables obstacles de la vie. Toutefois, les attitudes adoptées sont différentes quand il s'agit de surmonter difficultés et obstacles. Quelques fois les chrétiens peuvent chuter sur les obstacles. Mais par les promesses, la grâce de Dieu et l'aide du Saint-Esprit, ils peuvent être vainqueurs et se relever.

A présent, j'aimerais partager avec vous plusieurs facteurs déterminants qui peuvent vous apporter de grandes victoires dans votre course d'obstacles de la vie. Ce sont des attitudes que tout croyant devrait adopter lorsqu'il fait un faux pas.

Après quatre cent trente ans d'esclavage, le peuple d'Israël fut affranchi par la grâce et la bénédiction de Dieu. Moïse, serviteur de Dieu, conduisit ces trois millions de personnes vers la terre promise de Canaan, un pays où coulaient le lait et le miel. Aussitôt l'Égypte laissée, ils rencontrèrent leur premier grand obstacle, la mer Rouge. Ils n'avaient aucun moyen pour la traverser. Ils campèrent au bord de la mer. Consternés, ils aperçurent les Égyptiens au loin, lancés à leur poursuite. Ils furent désespérés. Leurs ennemis allaient les exterminer ou les ramener à nouveau en Égypte pensaient-ils. Le peuple était devant une impasse insurmontable. Devant s'étendait la mer, derrière se présentait Pharaon avec ses troupes. Ces obstacles étaient comme des montagnes impossibles à franchir.

Aucun chrétien ne peut être confronté à de tels obstacles sans remettre en question sa vie en Christ. Les obstacles viendront. Mais comment allons-nous triompher de ces grands obstacles ?

Premièrement, il est important d'observer l'attitude des Israélites devant l'obstacle de la mer rouge. Ils avaient perdu tout sens d'orientation. Ils étaient craintifs, frustrés et murmuraient contre Moïse. Leur cœur était rempli de pensées négatives.

Lorsqu'un homme (ou femme) est dans une grande confusion, il râle et se plaint facilement. Il regrette son état présent. C'est de cette manière que les Israélites réagirent négativement, sentant qu'ils ne pouvaient pas traverser la mer rouge. Ils ont vu ces obstacles selon une perspective négative.

Moïse, au milieu d'eux, a eu un comportement différent face à l'obstacle et dans les mêmes circonstances. Lisons dans Exode 14.13.14 : « Moïse dit au peuple : "N'ayez pas peur ! Tenez bon ! Et voyez le salut que le SEIGNEUR réalisera pour vous aujourd'hui. Vous qui avez vu les Égyptiens aujourd'hui, vous ne les reverrez plus jamais. C'est le SEIGNEUR qui combattra pour vous. Et vous, vous resterez cois !" ».

Prêtons attention aux paroles de Moïse. Il confessa sa foi en Dieu. C'est une réaction différente de celle du peuple qui s'abandonna aux murmures. Qu'est-ce qui fait qu'il était différent ?

Chaque personne dans le monde est un individu. Il compte sur différentes sources d'aides et réagit différemment face aux obstacles de la vie. Les Israélites comptaient sur l'homme comme leur source de la vie. Ils étaient contrôlés par ce qui se voyait et ce que l'on sentait. Mais tous ceux qui comptent sur les soutiens humains seront désespérés lorsque leur source de connaissance et de raisonnements humains seront morts. Moïse avait mis sa confiance dans le Dieu créateur des cieux, de la terre et de tout ce qui s'y trouve. Il est celui qui contrôle tout, les vies comme leurs destinées. Il est celui qui appelle les choses qui n'existent pas comme existant. Il fait revivre les morts. En prenant Dieu pour source de la vie, Moïse n'avait rien à craindre.

L'importunité de l'homme est une opportunité pour Dieu de prouver qui Il est. Notre importunité est le commencement de la possibilité de Dieu. C'est la raison pour laquelle Moïse ne succomba pas, comme les autres, au désespoir, à la crainte et à l'incrédulité.

Alors qu'ils criaient, Moïse priait. Lorsqu'ils soupiraient en disant : « Nous allons certainement mourir », Moïse pensait autrement : « Dieu a la solution. Nous vivrons ».

Pendant qu'ils disaient : « Nous allons périr », Moïse répondait : « nous vaincrons ». Ils râlaient : « Nous n'y pouvons rien », Moïse disait : « Dieu est avec nous et combattra pour nous ».

La question principale, sous-entendue dans ce récit de la traversée de la mer, est : en qui allons-nous trouver une source d'aide – Dieu ou l'homme ?

Face aux obstacles, dans ma vie, je me parle à moi-même. Je suis un homme, je peux réagir négativement si j'opte pour cette solution. Mais face aux grands obstacles, je me suis discipliné moi-même. Je me parle : « lève les yeux, prends Dieu pour source de ta vie. Si tu as ta propre source tu seras toujours lié au désespoir. Mais si Dieu est ta source tu auras un potentiel sans limite. Fais confiance à Dieu. La foi et la prière peuvent changer ta vie ». C'est de cette façon que je me parle.

C'est lorsque je réajuste mes pensées et que je décide de garder la foi en Dieu, en me nourrissant de pensées remplies de foi, que la puissance de Dieu est toujours à l'œuvre dans ma vie.

Éphésiens 3.20 dit : Dieu est Dieu « à celui qui peut, par sa puissance qui agit en nous, faire au-delà, infiniment au-delà de ce que nous pouvons demander et imaginer ».

Ce que nous pouvons demander et imaginer c'est notre attitude de cœur. Si nous choisissons d'être négatifs, nos vases ne sont pas prêts et Dieu ne peut pas déverser sa bénédiction dans nos vies. La leçon la plus importante à apprendre pour réussir, en tant que chrétien à passer les obstacles dans notre course est celle de notre attitude vis-à-vis d'eux.

> *« Garde ton cœur en toute vigilance car de lui dépendent les limites de la vie »*
>
> ***(Prov. 4.23).***

> *« Tout est possible à celui qui croit »*
>
> ***(Mc 9.23).***

Dieu béni Moïse et le miracle eu lieu. Par lui, Dieu ouvrit la mer Rouge et il la traversa à pied sec, en compagnie de trois millions d'Israélites, louant Dieu. Les Égyptiens, qui battaient en retraite, firent face à la mer et l'Éternel les y précipita.

Lorsque vous et moi sommes confrontés aux obstacles de la vie, rappelons-nous que Dieu est une source sûre, capable de nous aider. Gardons fermement ses promesses. Comptons sur Lui au lieu de rationaliser sur nos expériences passées. En conséquence, chaque mer Rouge à laquelle nous sommes confrontés sera ouverte. Nous serons ainsi conduits vers la terre où coulent le lait et le miel. Nous ferons l'expérience du miracle de Dieu.

Table des matières

AUTRES LIVRES AUX ÉDITIONS **EPH**

Comme des nuages sans pluie

Dick Bernal

L'auteur dénonce les tactiques de Satan pour diluer la puissance de l'autorité dans nos églises.

128 p.

La Seigneurie de Jésus-Christ

Jorge Himitian

Reconnaître Jésus-Christ comme Seigneur de sa vie, voilà le thème central de cet ouvrage. Thème d'ailleurs développé avec dynamisme et illustré par de nombreuses applications pratiques.

176 p.

La véritable mesure d'une femme

Lisa Bevere

Découvrez qui vous êtes en Jésus-Christ grâce à la vérité révélée dans la Parole de Dieu. Soyez affranchie du joug de la comparaison et commencez à vous voir telle que Dieu vous voit.

240 p.

Au secours Seigneur ! mon église se renouvelle et je ne la comprends pas

Dr. Carlos Mraida

Une aide précieuse destinée aux pasteurs qui ont à gérer le renouveau spirituel.

200 p.

AUTRES LIVRES AUX ÉDITIONS EPH

Dieu, le meilleur des psys

Jorge Himitian

Ce livre est le fruit de plus de trente ans de ministère. Il saura sûrement être un outil précieux pour ceux qui font face à l'angoisse, l'amertume, les complexes, l'oppression et la crainte.

160 p.

La guerre contre l'enfer

Un jour, en Argentine, un jeune converti découvre le chapitre 16 de l'évangile de Marc. Saisi, il décide d'éprouver cet Évangile pour vérifier son caractère actuel. Le résultat va vous couper le souffle ! ...

144 p.

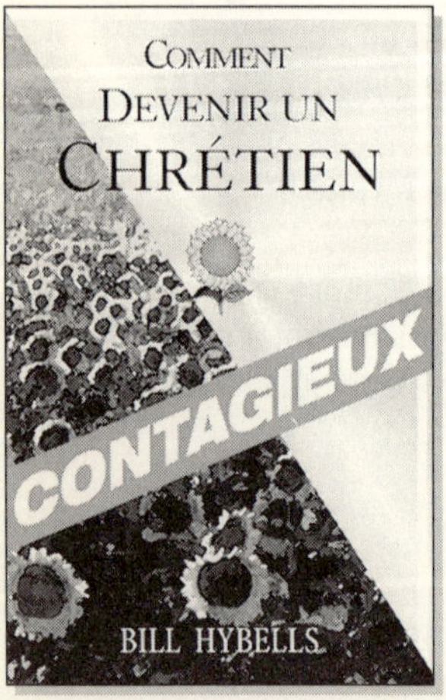

Comment devenir un chrétien contagieux

Bill Hybels • Mark Mittelberg

Votre amour pour Jésus-Christ est-il contagieux ? Il pourrait l'être ! Dans ce livre, Bill Hybels vous explique comment vous pouvez faire l'expérience du plus grand plaisir d'une vie – conduire un ami ou un bien-aimé au Sauver.

288 p.

La grande destinée de Kathryn Kuhlman

Jamie Buckingham

Biographie de Kathryn Kuhlman qui relate dans toute sa vérité l'histoire de la vie, non d'une sainte canonisée, mais d'un être humain des plus ordinaires.

272 p.

Tel que je suis

(l'autobiographie de Billy Graham)

Pour la toute première fois, Billy Graham retrace sa vie dans un ouvrage de taille et empreint d'une véritable profondeur.

776 p.

Les dons du Saint-Esprit

Kathryn Kuhlman

Études des plus intéressante et instructive sur les dons du Saint-Esprit.

112 p.

AGMV Marquis
MEMBRE DU GROUPE SCABRINI
Québec, Canada
2001